治心之舞

治心 著

De Fu Publishing

網站：www.defupublishing.com

電郵：info@defupublishing.com

《治心之舞》

Dance of Healing Hearts

作者：治心(Zhi Xin)

版權所有，翻印必究

繁體版紙本書國際書號 (ISBN):

978-1-922680-40-2

簡體版紙本書國際書號 (ISBN):

978-1-922680-41-9

繁體版電子書 EPUB 格式國際書號 (ISBN):

978-1-922680-42-6

簡體版電子書 EPUB 格式國際書號 (ISBN):

978-1-922680-43-3

設計：剩珠

插畫：Keng Zhuang

出版：德福出版社

2024年第1版

前言

　　鄭重推薦治心老師系列靈性詩集的又一部璀璨之作問世：《治心之舞》！治心老師的每一部詩集，都融匯了他數十年修行實證而最終徹悟生命本源真相後的智慧解碼與慈悲心語，每一部詩集都堪稱生命究竟圓滿智慧之修行實證寶典，為我們提供了一條通往生命終極真相與靈性快速覺醒之路的稀世珍貴的指引！

　　治心老師的詩集，既包含了古典韻味，蘊藏著千年文化的沉香，如同古琴的樂章，深邃而悠遠；又融合了現代風格，盪漾著詩意生活的時尚，如同竹影的婆娑，悠然而脫俗。既有大氣恢宏、天馬行空、極具想象力和文字張力的手筆和表達，讀之讓人嘆為觀止、振聾發聵；又有點滴入微、生動活潑、頗有幽默感和鮮活力的童趣和頑皮，閱後讓人忍俊不禁、撫掌而笑。時而以文字作獅子吼，以直擊人心的力量叩問生命的意義；時而又以人類的語言向你傳譯：那萬物本源的靈，隱藏在每片樹葉裏的天堂，與每一朵花裏的極樂！

　　靈，存在於一切裏，故而天堂和極樂也就在一切裏，與靈同在，生命不會孤獨。而很多人卻因活在知見和慣性裏，就如同一輩子活在牢籠裏，終其一生，甚至萬世迷茫，亦無法得見，哀——莫過於如此！致使生命本來的慶祝與歡笑，變幻為人世間的無盡滄桑與深深苦痛！

人生浮沉，世事紛攘，當我們放緩腳步，純粹心靈，去親昵、細品這些充滿靈性的詩篇，心靈至深的柔軟處，頓時被觸及，化作了漫天的花瓣雨灑落，活出靈性的人，從此不再固守、維護這層堅硬的殼！

　　有緣有幸，感恩遇見，治心老師的靈性詩集，可以喚醒我們內在的覺知，幫助我們快速解鎖心靈的層層封印，讓我們重獲先天本自具足的真正的自由！誠願治心老師的詩集成為你生命中一份寶貴、厚重的禮物，陪伴你綻放幸福、走向終極覺醒的生命之旅！

德福出版社

自我介紹
——無遺治心

如同我們給天地萬物賜名
大至浩廣星系之天體、宇宙時空……
小至如這院子裏的
這些樹、這些草……乃至那草叢之中的
那些小昆蟲……
它們也都有屬於自己的名字
只是，作為花草樹木本身，以及
這些小昆蟲本身，它們其實
並不知道自己已被人類命名
而作為浩瀚生命中的一個小小的我
來在人世間也一樣
在毫不知情的情況下
即被父母賜了一個叫「雲何」的乳名
其名何意，並不知曉
就如同那些花草樹木渾然不知
已被人類命名一樣
幼兒時的我，同樣並不知道
已被父母命名

然後，隨著肉身的慢慢成長

到了該上學的年齡時
我又被賜名叫「有貴」
其名究竟何意亦不知曉,只是
別人呼叫此名時,我便知道
哦,那是在叫我!
接著,隨著讀書學習和人生經歷的豐富
我之後天意識也逐漸形成
且在不知不覺間,在我的生命系統中
又孕育出來另一個人我
即所謂的人格自我

於是,我便以人格自我為我
在世間行走、歷練和修行
並隨著獨立思考的能力出現
我便有了獨立人格自我的獨立主張
於是,我開始自己為自己命名
最先想到的是開拓精神
所以在青年期,我便自命名曰拓宇
繼以此名號在人間歷練、修行
一段時間後,又改名曰治宇
隨著修行和悟道的逐漸深入
便又添一字號無遺·治心
此時的我,已經人到中年了

觀生命種類何其豐富,浩瀚生靈
更是無以窮盡,其相
其名亦是無以窮盡
經典言大千世界、佛剎土
猶如恒河沙數之多
那其中的名號,又有多少呢?而
名號本身亦並非等同於生命
所謂「名可名,非常名」
名號,亦無非一標籤而已
名本虛幻,難表真如

而人之一生追求學問
無非能求證得生命圓滿和究竟了義之
真理,抑或生命之真相而已
至於人世之虛名又怎可執著?且
那執著的因為何?又是誰
在執著呢?那個人格自我
是真我嗎?所謂
人之自我介紹,亦無非是
以幻說幻
以空道空罷了

治心老師簡介

治心先生，字無遺，號治心。曾調侃自己潛伏於一具短小適中的肉身裏，混跡人間已五十餘載，至今一事無成，卻被冠以當代詩人、作家、思想家、藝術家、心相家等虛浮之譽。

先生祖籍四川，自幼歷經諸多奇遇，致其三觀顛覆，進而開始探索生命奧秘與大道真相。歲月流金，華年漸逝，其空間視野也逐步擴大。總算在無限渺小與無限宏偉之間找到立足點，並在不斷削減物欲誘惑的前提下，真誠擁抱「沒羞沒臊的幸福生活」。

先生歷時二十餘載，精進不止，親證種種殊勝無以窮述，宛如梵雨滌塵，終臻生命至妙，洞明宇宙奧秘，今以超然身份演繹生命之大自在。繼而在有意無意間創辦了九和九福教育，提出徹底解決個人身心、家庭關係，以及各民族不同文化、各國不同執政理念、各宗教不同信仰等五大領域盡皆融通的九和同體思想。

獨創「三大心智語言」生命實相理論體系，研發「造夢藝術」「左右腦平衡教育」「王者之旅」「生命真相」「眾妙之門」「行住坐臥」「圓覺中道」「心物一元」「大圓鏡智」「九行運命」「九和之家」「九久鴻業」「九智領導」「九感明師」「九力學子」「九禪內觀」「九福人生」以及「九療全愈」等系列課程，涉獵個人身心健康、家庭和諧幸福、事業騰達通泰、人生自在美滿、生命價值成就等方方面面掌控生命自由度的大智慧。

所著書籍《治心親子教育》《幸福婚戀》《玩出大自在的幸福人生》《用心經的智慧找回真我》以及系列靈性詩集之《治心之舞》《我之一日平常》《塵中得自在》等已在全球各大平台出版發行，為人們呈現著靈性的盛宴，如同一幅幅心靈的畫卷，在時光的滌蕩中閃耀著智慧的光芒。

先生的書法亦是獨具一格，其妙手所化現的彰顯皇家風範與貴族氣質的治心能量體，可謂開內拙之先機，問生命之本有，玩藝術之童趣。作品中的每一個字，猶如一個個鮮活的生命靈動而歡喜，蒼勁而有力，渾厚而通達，豐盛而圓滿，超脫自在，神聖莊嚴……每一筆每一劃，皆舞動著天籟之音，奏響著宇宙恣意的旋律，富有極高的靈性、美感和神韻，耐人尋味，引人入勝，予人智慧，是提升個人心智與生命能量的絕佳之作，富含深刻的教育意義與文化內涵。

先生將其實證之道高超而精妙地應機示現和隨緣傳授給眾多追尋生命奧秘的探索者，其大智妙用淋漓盡致地體現在講學與生活之中，其天地般寬廣的愛深深地感動著身邊每一個人。

前言	001
自我介紹	003
治心老師簡介	006
課程講甚麼	001
課程形式與風格	005
心之舞──活力篇	009
心之舞──能量篇	012
心之舞──破殼篇	015
心之舞──真愛篇	018
心之舞──創造篇	023
心之舞──詛咒篇	027
心之舞──療愈篇	031
心之舞──重塑篇	036
心之舞──性格篇	040
心之舞──變革篇	044
心之舞──升華篇	049
心之舞──策略篇	055

心之舞——突破篇..................060
心之舞——暴動篇..................065
心之舞——需求篇..................069
心之舞——魅力篇..................073
心之舞——美麗篇..................077
心之舞——榮光篇..................082
心之舞——化敵篇..................087
心之舞——威神篇..................092
心之舞——整合篇..................096
心之舞——美富篇..................100
心之舞——孵化篇..................104
心之舞——成長篇..................108
心之舞——聚力篇..................114
心之舞——開掘篇..................118
心之舞——親密篇..................122
心之舞——美滿篇..................126
心之舞——親子篇..................131
心之舞——源生篇..................136
心之舞——超腦篇..................142
心之舞——智慧篇..................146
心之舞——融合篇..................151
心之舞——靈性篇..................156

心的寄語..................162

課程 **講甚麼** ｜ 心對心耳語的悄悄話

偉岸的洪身，千仞摩壁
面空，起用
一開一合 千雙豎眼
曼妙舞動而出的萬萬億身姿
腳底踩著走失的魔獸
焦燙的沙漠正爽爽地灑下甘露
浴火的鳳凰展翅重生
日照的影子、被人珍藏的不捨
慢慢撒手，匆忙焦慮的人們
前仆後繼催生的匱乏
被本然具足的富足充盈
海浪如約而來
抹去人們書寫在沙灘上的囈語
優曇婆羅花更是殷勤盛開——
在佛像上、在門檻上
在鎖鏈上、在廢舊的鐵鍋上……甚至還開在
高鐵列車的軌道上
秘不外傳的金丹秘法原是如此
不滅體可變體之神奇
入世與出世修行的日常
如此微妙
一雙宏觀眼睛配搭無數億只微觀眼
切換不同的角度將生命解剖
將人生重構、將未來重塑
回流於本源心地、及
百千萬億化身的

灑脫與自在
無修無證亦無有所得嗎？有為法
無為法，偕同扣入
宇宙心智的法陣
寂寂滿願
千江有水千江月
呵的一聲
彼此相視不語
從此便不再分裂出你我，所有的星辰
也都用同一名字
而我還是如常執念，等著你
盼著你
重聚法身光芒
再返人間

課程形式與風格

所謂"究竟了義"之妝容

我之可見體褪去外衣，在密室裏
點燃一支蠟燭
房間的結構、布置便顯露無遺
耀入眼瞼的還有我
數十萬億細胞之叩首
同步。不變體
隨之在曠野升起一千個太陽
將九幽之地照亮，絕無一絲暗影
而我在人間的嘴開始冒泡
吐出不標準的普通話
有人一聽就想睡覺
盡管有時我　正獅子吼
也許有人一聽便覺得那聲音不夠柔美
雖然在這樣的季節裏
我心裏早灑下輕盈綺麗的花
但那一層又一層的密鑰
卻如哨兵站哨換班時喊出的秘密口令
在旁邊潛伏的夜鶯只能喊叫
發懵、胡扯……
不知所云
然後，果斷退群

我講課時一般都會同時張開三張嘴
一張嘴對著頭腦　大喊大叫
一張嘴卻對著心　呢喃細語
一張嘴則對著靈魂懺悔千萬年來

對你遺忘的愛
在頭頂高處若明若暗的
那是道理無法撥開的雲霧
於是我便改用講故事的形式
對你訴說
只是那故事有時不小心還是會
掉進池塘裏
雖然全身都已濕透
可能還是無法精準傳遞
我欲說的真意
那麼我只好沉默一會兒
默默注視你心靈的眼
若實在難以忍受那個靜寞
我或許還會向你吟誦一首
來自心靈的詩

是誰曾說過
"真理是無法言說的"
我發自骨髓地同意這句話
"道可道,非常道"
我也很想像老子一樣——
他一生除了過函穀關時被尹喜
軟磨硬泡地寫下一篇《道德經》五千言外
還真是啥都沒留下
而我卻很慚愧地加入了蛙叫的陣營
只要你不嫌煩、打開手機

便能聽見這電子波構成的蛙池
那蛙聲正一馳一張、好不熱鬧
就連叫蛐蛐也用快手、抖音等
將你的手機霸屏

在這樣的現實裏
我試圖發出的叫囂
早被飛旋的風撕碎，我欲訴說的
輕言細語，一樣被一陣陣
哄吵之聲淹沒
說實話，我就只是一根
站在路邊舉臂無助的電線杆
在川流不息的車流和交雜聲中
我的心其實早選擇了閉嘴
改守在夜的過道
默默等待你的身影

心之舞
——活力篇

亙古的心之舞
從那追遠的本源而來
那是生命最為神奇的律動
像是抒發情感
又像在揭露真相
風大與呼吸
那是催動萬象的活力
心動與風動催發起舞的裳麗
越是深入內在的生命之舞
便更能體證曠闊無垠道之奧秘
生命之門也就開在這
動靜之間

我是誰？心舞何來？
這生命律動的驅力又從何來？又到底
是誰在透過能量舞動我的身體？
那能量在述說些甚麼？那舞
又將帶我去何方？
萬古久遠的迷思
就像無數無盡的夢幻水泡

飄蕩在生命的海洋
在靜寂之源蒼
洪荒之力激盪，浩瀚穹宇
莊嚴又輝煌，我低頭思忖
何處才是我生命
真正的故鄉

心之舞化作甘泉流淌
那愛的滋養是無窮盡的
只有當我們內在出現虛假的匱乏
才會顯化出獅子與群狼的徵伐
自束自縛是分別之念
那才是真正讓人冤枉受苦的根源
心之舞始終跟隨當下能量妙變
真是難得一遇的奇跡
每一次舞動也都是不同的體驗
你將發現不同的你，就在
這身心靈合一的舞蹈裏
你將更加瞭解自己
必將活出另一個不可思議的你
就在這城市中央
就在這充滿焦慮的疫情裏
激活你山巒之體，呼出內在那個
真正美麗的自己

活力一定是四射的
你心靈的障礙，也是當即就能清除的

且更相信，你將獲得能撲滅世間
一切無明火侵襲的能力
因為一顆不再封閉的心
必將釋放無窮無盡的魅力
那是讓人無法繼續假裝沉迷的聖光
所以很難想象某種於你
即將被具化的芬芳
怎樣提升你的生命質量，就在當下變樣
眼淚或將浸潤你佛一樣的明眸
因為就那一刻，你醒了
因為就那一刻，你美了
就那一刻，你陶醉了
你自己清楚，你所經歷的過往
根本就沒有過這樣的體驗
一切就這麼神奇

心之舞
——能量篇

作為一個人都應該瞭解
我,是誕生於行蘊驅動因緣和合的心田
在每個人人生劇本的情節裏面
自然涵蓋了一飲一酌如何集結
不管你的心想要如何飛躍
那因緣其實已早行動在前
影響你走出屬於自己的命運線
那因緣,其實就是能量化顯
其中包含善緣、也包括惡緣
善緣即是守護、加持你的美好面
讓你感受心想事成、美妙、和諧與
情投意愜,有時甚至會讓你感受到
如沐霞彩聖光一般美炫
與之相反,那惡緣則
只會打磨你、破壞或傷害你
阻擾你的願望實現
那是負向的作用力
所以要始終保持觀照
不沉迷

這就是每個人的因緣差異

所以便有了不一樣的人生際遇
這所謂的善惡緣之不同
也就體現為正負能量不同的比例
再加上心所法五十一
便成功影響了每個人的人生戲
包括你不同的選擇與思想
這便是人為何有時會迷茫
負能量會化身惡緣將你的
人生道路阻擋；而惡緣也會
化身負能量干擾你人的智商
讓人糊裏糊塗的就吃了虧或上了當
所以我們要共修，以借聚合之力
加持、疏通、淨化空間場
以擁抱新氣象

瑞慶一合，人生吉祥
我們要連接生命本源的力量
跳到第三面來突破生命局限之牆
構建屬於自己的中正能量場
消融和轉化惡緣、以融通
內在生命共同的理想
溝通高維的心靈場
以轉變、淨化和提升能量
用清粹的覺光洞察人間疾苦
解鎖封印以守護心靈國土
提煉自身情採與覺悟
以高貴優雅的心自渡

安撫無助、喚醒迷途
以堅定溫柔之愛
整合力量與資源,諧同
跳一曲最最圓滿的
生命之舞

心之舞
——破殼篇

當自我無聊的時候，心靈的領土
便荒蕪了，玩笑或是胡鬧
整蠱或是罵俏……
痛苦之業做，皆是起始於無聊
五彩繽紛的心靈樂土，從此
荒廢、不再服務自我角色的需要
生活過成一地雞毛
心情似乎陷入
混沌、迷離、癱軟的泥沼
無限可能的你之生活被限定成
某種條件反射的程式

那自我模式的背後
又到底隱藏著一些甚麼？
那感知的神經系統彷佛變成垃圾桶
裏面塞滿了沉重與腐朽，本是盛產
"愛美"之地，卻不時流淌出辛酸的淚
眼前布滿痛苦、無奈、無助
毫無一點希望的迷茫
那嘆氣之聲也抑制不住

不時地從無底的深淵擠出喉嚨
痛惜——罪魁禍首
竟是限制自我的觀念

人生旅途猶如乘坐一艘破漏的木舟
木舟之上裝著被利欲薰黑的心
就像是燃燒未盡的蜂窩煤
閃爍著猩紅的受傷的孔
那委屈、那艱辛的滋味，就如同
冬日冷風中慍怒的肺
而且，每個年齡段都似乎
遺留了或多或少未及消化的節傷
黑夜裏逃離而出的一些愁緒或記憶
在不知不覺間不斷被瘋狂的情緒鼓脹
將通往自身內在心智寶庫的
通道阻擋

被煙雲籠罩的人無法擺脫恐懼
因為總有令其整日費神和擔心的主題
那處境如同浸泡於無助焦躁又冰冷的溶液
猶如密布的黑蟲子啃噬腦神經
所以整日努力掙扎迎來的不是幸福
相反，卻是生命能量越來越受束縛
於是，很多人的靈魂便選擇了沉睡
扔下孤立無援的自我復蹈其轍
如同舔舐冰柱卻即刻被黏上的舌
每一個活在苦難中的人也都不再想起

回歸本然俱足的生命本位
幸好時間永遠不晚

那就讓我們從心開始吧
踩著你所捕捉到的音樂節奏
疏導能量曼妙起舞
生命之舞能讓死寂的能量馬上變鮮活
能讓混濁的心在舞動中不斷淨化
靈魂醒來即恢復清明
在這樣的能量之舞中,日子不會
再因無聊或冰冷而遭遇不幸
因為這是帶著覺察之舞,所以
那舞動就像是歡慶女神的賀喜
又像是療愈女神的救助
更是豐盛女神的賜福
從此,你將不再匱乏、無趣
或慵懶而讓生命再次陷入
混沌的迷途

心之舞
——真愛篇

其實,所有的夢想背後
都依托並相砌於同一個宇宙的
盛大主題——為愛而行!
尤其當我穿行在迷宮一般
複雜交錯的細胞間隙
就如同一個人擁抱整片荒野
即使打開每一個細胞,也只是一個人
走進一間間孤獨的房間
然後才是落寞之後的神奇轉變
於是,我才終於理解了
靈魂最高的目的
正是為了體驗真愛以及表達
愛的美好與豐盛

在幾十萬億細胞搭建而成的
人體宮殿之中布局著同樣多數量
美妙絕倫的愛的小空間
空間中瀰漫了各種各樣、豐富多彩的
奇思妙想,使得整個人體看起來
就像一個蜂巢,每個巢孔之中

也都收藏了五彩繽紛的記憶包裹
打開包裹便能看見相應的
歷史事件與不同色彩的情緒
看見了真相、於是
便會難以抑制地落淚或痛哭
原來自己一直都沐浴在真愛之中
並借助其愛
療愈著累世的創痛
只是自我並不清楚

而且
細胞們非常努力、會隨時剝落下
那些過往的記憶，然後
又重新組合編輯成又一茬嶄新的
人生──從多層面、且
以無垠的廣度展開
因此浮現眼前的便不再是孤獨
而在我的大腦左區的方格裏
已然不再盡是僵化邏輯，且從
永無止境的演變中不斷激起了
愛的能力

而我大腦的右區
則已打開了一萬八千洞天
因此我行走在人間，一邊行走
遇見不同的風景或是因緣時
我大腦右區的洞天裏，便會演奏

不同的音樂，當然為配合
某種氛圍的需要，有時也會有
柔美動聽的女聲獨唱、抑或是
雄壯激昂的男聲高歌、又抑或是
八萬四千音箱串聯與和鳴的
愛之交響

當不同的時空不斷交疊
我也會在不同的洞天間梭來蝶去
那些數不清的場景布局在空間中
形成了一幅又一幅神奇
宏偉的景象、以及生命角色的演繹
所書寫的在生命中被人所愛的
光輝價值……並在所愛之人的身上
體驗到了父愛的雄渾
沐浴了母愛的溫暖
品嚐到了戀愛的妙美
擁抱了手足的情義
並見證了
自身的富足

在這幾十萬億細胞構成的宮殿中央
另有一座神性的湖泊、環繞四周的
是神秘的仙山瓊閣，湖上
飄蕩著光霧，更折射、散發出
一層層的愛韻和一縷縷的情霞
以及蜿蜒典雅的藝術亭廊所點綴的

神聖、美妙與高貴
從中而會意得真愛的內涵，並從中
看到了眾神的身影
果然一切的一切皆是為愛而來
所以無論此刻的你正遭遇著甚麼
那背後都始終隱藏著一個供你
感悟真愛的意圖

心之舞
── 創造篇

創造是全然的臨在與能量充滿的顯化
所以所言這所謂的"創造力",幾乎就與我們
用後天知識建構起來的頭腦心智無關
它不屬於知識範疇,也不屬於
任何頭腦思維模式,乃是與一個人
內在"心靈土壤之優化態"有關
是"種子"落入"心靈土壤"之後的自動生發
而所謂"種子"則是在頭腦
沒有一絲"我見"時的空檔像甘泉一樣
從內在冒出的靈感
所以創造從來不是頭腦處於
高速運轉時的杰作,更不是
大腦苦思冥想的結果

那麼,具體怎麼操作呢?先是要
以祈禱之心向內在發出請求,然後是
入於"空"以迎接靈性來訪
而所謂的"空"也就是頭腦處於:
沒有了為甚麼、沒有了求甚麼
沒有了我是甚麼、也沒有了

所謂的知見與主張
乃是處於不見天地、不見宇宙,也不見
一切眾生的一種徹底消融態
換言之,所謂消融就是歸零於當下
而所言歸零自然是沒有一切分析,就如同
大腦突然間斷電,而就在那個
斷電的一瞬間,我們本具的
源初生命力,也就是那個神秘的空性
便自動涌進我們的身體
對,這就是"消融"的功用

所以創造也就是消融之後的一種再生
也是一種"當下即是"的心靈顯化
那麼,當我們想要創造時
就必須先消融,接著才是從
消融中獲得指引,然後才是啟用
頭腦心智分析其"指引"的具體內涵
之後再根據"指引"優化或修復
頭腦心智,以清除潛意識裏
對"想創造之物"的干擾信念或分裂認知
並於清除這些信念與認知的同時
收回所對應的能量,接著
整合能量形成一種一合的狀態
如此方能心想事成
無不自在

每個人都有創造的力量

這是我們本具的心靈之力
就如同呼吸一樣的自然、與生俱來
那為甚麼很多人的人生那麼苦逼而其所求所願
皆不如願呢?那是因我們內在能量分裂
也就是不同認知捆縛了不同的能量
彼此分裂的認知導致能量與能量
彼此衝突、彼此消耗、彼此制衡或彼此抵消
就猶如超我監控自我、自我打壓本我
本我便暗地使壞、自我卻只能憋屈忍辱
而超我則又居高臨下地旁觀……
從而導致內乾坤一片混亂
那麼,很自然的其內在
所投射出來的人生
便是苦不堪言

可見提升創造力,首先需要
改變認知、修心養性,而且
不管你正經歷著怎麼苦逼的人生遭遇
首先都要百分之百相信自己擁有
本性具足的天賦與魔法!只要你能非常
確認自己想要甚麼?也都可以
透過生命之舞獲得指引,從而避免
不必要的能量內耗和紛擾,也就是當你
透過"消融"獲得了指引,明確清楚
自己想要創造甚麼?就已經
大別於之前的頭腦打妄想了,隨後再
繼續透過生命之舞釋放和整合能量

大別於之前的頭腦打妄想了，隨後再
繼續透過生命之舞釋放和整合能量
不斷聚焦意識於目標創造物
並隨時保持與空性連接
便可以創造奇跡

充滿愛心而毫不懷疑地融入當下
這才是真正的實事求是，而非
頭腦所思維的"邏輯上的實事求是"
其實，包括內在的觀想與外在的行動
皆是安住當下的一致性狀態
這才是創造願力與正負或二元能量融合
否則，目標不專一的結果一定會導致你
將時間浪費在那些分心物上，其實
每一個所謂的頭腦妄念也都代表一份
被超我或被自我所排斥在外的一份創造力
那麼當思想體的意念紛擾時
我們的注意力就被分割或分散
於是我們創造出來的生命現象
就只能是雜亂的一地雞毛
而非自己想要的人生

……

心之舞
——詛咒篇

別以為神話中的詛咒之神是純神話
雖然如今已是高科技稱霸
但那詛咒的魔力依然可怕
不由自主就被卡,卻也只能自抓瞎
個中究竟誰又瞭解它
詛咒的力量從古至今都存在
只是它的用意很難猜
跨進新時代,它也學會了扮可愛
導致我今日想要來檢舉它
卻也都無從下手逮捕它
是的,它非常擅長捉迷藏
而且,它經常就在我們身邊逛
很多人從小就上了它的當
以至於長大成人也一樣
即使修行人也難知其詳
依然無法將其降

有很多人因被它下套而變懦弱
焦慮、恐懼抑或不知所措
甚至有人不知不覺間就成了呆鵝

不敢面對現實也不知其所過
就像蝸牛一樣封閉又脆弱
它真能將人的心靈封鎖
我就曾經熟悉一楷模,他渾身
散發著自信的光波
卻未曾想他有一天居然被勒索
從此之後昏暗的眼神沒了火
讓人哀嘆莫奈何
而今這詛咒的魔力依然非同小可
就猶如一條深不可測的黑河
那河通向的心靈花園之門上了鎖
其錯綜複雜的緣由已很難疏通
就猶如一座不斷發出
嗷嗷聲響的黑迷宮

那迷宮中瀰漫著:
"你不該、你不能、你不配……"的咒紋符
那無形咒力就如同一隻大蜘蛛
它吐出蛛絲結成一個巨型網
透過間隙往裏看,迷宮內的景象很悲慘
裏面漂浮著一隻巨瞳丸
那瞳孔上密布的咒紋若繭蠶
沿著繭內那極其細窄的通道
意識尚能繼續往裏探,進入
迷宮背面那被徵佔的地壇
在那失守已久的心靈地段,也同樣
被各種交錯重複的咒紋所布滿

諸如："你這樣會生病、你
那樣會遭殃、你如此必倒黴……"的各種
像是真理一樣善意的暗示
那些暗示就如同法令一樣
被其頑強的堅定所捍衛

相較而言，傳說中的那些巫毒或蠱咒
只能算得上是極其落伍的小丑
就像那憂傷的注腳一般明透
最難識別的是那些借最愛之人的口
所種下的各種擔憂
或那些借關愛之名結下的世仇
如同粉紅色的小嘴抹油
在那紅潤的"都是為你好"的笑臉上
也有借"愛"套上去的緊箍咒
那映著餘輝的噴泉上空的彩虹裏
也有"我若不是因為愛你
又怎麼會如此折磨你"的神邏輯
直接促成了無數無可奈何的
叛離抑或是叛逆

至於那些因愛而生恨之後的詛咒
更是赤裸裸的腐與理所當然的朽
就如瘀堵的暗夜密林中的髒水溝
散發出越來越濃密的惡臭
其中也不乏打著上帝或真主之名的
道德綁架或道義威脅的理由

就如"不信我則下地獄"的腫瘤
的確能讓膽小怕事之人擔憂
聽話的羔羊是被奴役的靈魂
就倣佛一個人掉進深淵之泥垢
亦如同陷入一個無底洞抑或
墜入一個永遠醒不過來的惡夢
其實，那也只是
迷失在自己的迷思中

所有能被"詛咒"制約的人
其實真正的卡點就只是恐懼
諸如：害怕遭報應、害怕下地獄
或是害怕吃苦、抑或是害怕生病……
但凡是害怕心，也都是把柄
尤其會被惡盯著強制與其配對
就猶如過去的"搶親"舊俗，或所謂
我之所以強暴你是因為我愛你
我愛你也不是錯，而是因為
你的美將我誘惑，讓我無法抵禦
所以不是我的錯，所謂愛無過
潛意識中的佔有欲似乎
依然原汁原味
未減弱

心之舞
──療愈篇

記憶的鹿奔跑畫出一道弧線
沿著那線索便能找到蛇、蚊子和蜘蛛……
等等意象以及它們所居住的巢穴
還有潛意識中神出鬼沒的魅影
堅硬或是冰冷的也都未曾與過往脫落
而成為當下向外投射的源頭
即使是完全遺忘的前世
那些記憶體也都會聚集成現實的命運
所以療愈的第一步便是
通體掃描身體內部，找到能量
堵塞或變體的部位以回溯

可以是靜靜的不動，也可一邊起舞
一邊回憶、一邊疏通
要始終保持觀照，並留意回溯時
所呈現的畫面，以及跟隨記憶
所湧現出來的情緒
猶如意識追隨著飄蕩的雲
不做評判、只是默默觀看
若想哭就哭、若是想笑就笑

保持放鬆，讓淤積的情緒得以釋放
此時的舞蹈或將變成為
表達情緒的肢體語言或動作
這時那一朵情緒的雲與水晶一般
透明的觀照的光、兩者一匯合
便會自動變成美麗的愛的玫瑰
你就和她們一起繼續
那神奇的心舞

一曲療愈舞蹈結束之後，你也可以
讓理智參與進來，站在第三者角度
重新審視過去所發生的那些事件
然後對其再定義，或許你會很驚奇地
發現，被過去定義成不幸的遭遇
如今回溯起來，才豁然發現
那些事件，其實並非不幸乃是榮幸
於是你或許又會重新收穫
一份久違的感恩與感激
如果時間允許，你不妨帶著
這樣一份感情重新開始舞蹈
可以從生發與流動開始，也可以
直接從消融開始去重組能量
然後再生、綻放

在舞蹈中讓那些碎裂的能量
像花瓣一樣、在滿滿的愛的觀照下
讓它們從四面八方匯集過來

融合成一體
這時肢體的語言變成整合能量之舞
其間或交疊著某種誘惑與神秘
讓匯聚過來的能量自發性地興奮疊加、糾纏
從而共同舞動成一個難以言喻的美、一種
白皙的修長與碧綠的柔和與紅潤的愛
就如同神只 的降臨一般，充滿
令人無法抗拒的魅力
以至於令周圍的一切也紛紛陷入靜寂
或臣服或朝拜，就猶如一年青帥哥
突然見到心目中的神聖天使那一瞬
心跳戛然而止而導致的那種臉色蒼白
就俲佛被某種精準無誤的
魅力所襲擊
一時間就被震撼得說不出話來

如果所回溯的那段過往記憶或是能量包
很沉重或很頑固或很執著、一時無法釋懷
那就可以多重複幾次，並啟用
頭腦理性進行質疑、追問和解碼
具體的操作方法，我在《化樂自在》課裏
有詳細的實操講解，按其操作即可
其重點是透過消融釋放情緒能量
然後運用心法將釋放出來的
情緒能量收回重新組合
重組時要連接你所能連接到的
最高頻、最美好的心靈品質

將釋放出來的能量組合成
猶如鑽石或水晶一般晶瑩剔透的
充滿詩意、聖潔和神聖之愛的
或仙品級或神品級或天使級
抑或是佛菩薩級別的能量

其實消融的環節也是在解碼
因為消融本就具備清洗功能，能自動
溶解不高興的或痛苦的記憶
即使你不懂如何啟用理智去質疑、追問
然後快速解碼，只要能每天堅持
並在跳生命之舞時，將心情
調整至最高品心性態而舞蹈時
也可以自動優化你的心智程序
解除對抗、戰爭、惡毒和分裂
假以時日、照樣能將自己打造成
絕妙的智慧佳品，以在每日裏不時為你
創造出神奇美妙的生命體驗
從而迎來你最滿意的
高品質人生

心之舞
——重塑篇

當格式化的頭腦用他那比微譜檢測儀
還要厲害一萬倍的哲思
試圖征服她時，她卻一溜煙地
消失得無影無踪
她是啥或她是他的誰？我這裏
指的是那個萬物之靈的靈
還有那些躲在你身體裏面
整天想著吃這樣或想著吃那樣的
其實不是你、也當然不是你的靈
更不是你的身體自己想吃
而是有別的生物躲在你的腸道裏面
與你疊加在一起共進晚餐
所以會有這樣的人一頓不吃就感到餓癆
甚至有時明明才吃過、肚子還飽飽的
卻還是感覺到一種莫名的饑餓感
我知道今天的開場白有點繞
但我真正想要告訴你的是
你到底應該和甚麼東西疊加
才能過上真正幸福的人生

當經營我們人生所倚仗的
若就只是頭腦和慾望的疊加
那其所生出來的人生果實一定非常苦澀
只有那些非常重視與內在溝通的人
才更懂得運作生命以結出幸福美果
他們擅長使用意象語言與心靈對話
而非用抽象的邏輯語言那絕望的吶喊
猶如動物界的生物們都紛紛用上化妝品
被慾望強勢疊加的頭腦若是越聰明
就越會墮落到那很離譜的程度
這就是為何新紀元文明要重點喚醒
與人人本具的靈性疊加，這是因為
靈性的子宮具備無限孕育的能力
而且永不衰老，就如同時間永恆

所以只有當頭腦真正懂得
與心靈疊加的重要，人才會明白自己
真正的需要以及活著的意義
就如同一到春天、種子就從泥土裏鑽出來
開始執行它們裝飾世界的使命
並在那交纏在泥土中的汁液裏
繼承那些已經死去的人的意志
然後在所有樹根間將那注定要
流傳後世的故事保存，即使是植物的魂
也在持續地追逐著英雄之旅的傳說
並在那個很早就被夜佔據的
有關生命覺醒的亙古不變的主題隱藏

再隱藏，卻還是沒法阻擋那永恒的
以星空為伴奏及背景的生命之問
"我是誰？"的一聲狂吼。抑或是
誰能真正自主定義自己是誰呢？又抑或是
誰能真正自主決定我是甚麼呢？即使是
永遠定居在天空巔底的人
只要其靈性一蘇醒，也都無法繞開
這一終極生命之問

那麼接下來：甚麼樣的人
才最善於編輯夢想並最懂得享受
美好生活呢？
其實無始劫以來已有無數探索的故事
一直在不斷彙編成冊
也確實給了人類以不同的啟迪
包括現如今正大步跨進新紀元的
智能高科技，卻也都無法有效治理
人的心靈領域、以及那些
不間斷涌出的失控情緒
以至於在每個失眠夜晚——不管
那個晚上發生甚麼事——這在意識底層
所發生的動亂，也都是在質問：
到底要如何經營生命，才會
迎來真正的幸福？

在所有探索的故事裏有一個
共同觀點：人只有不斷提升

自身的修為境界
那個"恒常我樂"的幸福目標才會
離我們越近
而那些不斷透過壓制自身負面情緒
的努力,卻反而製造出更多問題
而那些主張水池滿了就往出放水的做法
卻也只是能量之橫向挪移
即使是天地之合傳來的美妙
其實也只是粗淺的慰藉

所以
要想真正獲得永恒的幸福
你必須連接本源心地、以啟用
妙變法身來疊加生活
如此,方能讓每一片刻都變成
神聖而無限美好的受用
這便是所謂天人合一或是與神同在的境界
而且這也並非是一個難以達成的境界
因為那是一切生命本然的具足
且不生不滅永恒而如是
只是人一旦從自性本源脫離
便會因我執而造成是非與人我之分裂
進而才導致在痛苦中輪回
故人一旦能重新放下自我,則
無論是善是惡也都會站在
同一立場來愛"我"
這才是真正重塑自我

心之舞
——性格篇

當意識化身成螞蟻爬進
人體的大腦包廂,並佔據其
左腦而行使對身體及心靈的指揮權
這樣的人便是以邏輯為王法
其內乾坤統治者之名號便叫:左腦王
若其"左腦王"是一個
只顧自身利益者,那麼我們
便稱呼這樣的人叫:左腦自我王
當左腦自我任命其"心"為宰輔時
那就要看其宰輔主張甚麼樣的外交政策
若其宰輔主張閉關鎖國,那麼
這種人的性格就叫——
左腦自我內向型
反之,若其宰輔主張改革開放
那麼這種人的性格就叫——
左腦自我外向型

再一種情況,若其"左腦王"
並非是一個只顧自身利益者
那麼我們便稱呼這樣的人叫:左腦依他王

那麼當左腦依他王任命其"心"為宰輔時
同樣也要看宰輔主張甚麼樣的外交政策
若其宰輔主張的是閉關鎖國，那麼
這種人的性格就叫——左腦依他內向型
若其宰輔主張改革開放的合作政策
那麼這種人的性格就叫——
左腦依他外向型
如是依其左腦王與其心宰之不同
便可以分出來這四種基本的
性格模式

第三種情況，當意識化身成螞蟻
佔領了人體之大腦包廂，若其
立國定都為右腦而行使
對身體及心靈的指揮權
那麼這樣的人便是以情智為王法
其內乾坤統治帝之尊號便稱為：右腦王
若其"右腦王"是一個
只顧自身感受者，那麼這樣的
內乾坤統治者名號就叫：右腦自我王
當右腦自我王任命其"心"為宰輔時
也要看其宰輔主張甚麼樣的外交政策
若其宰輔保守封閉，那麼
這種人就屬於
右腦自我內向型性格
反之，若其宰輔通達開放
那麼這種人就是

右腦自我外向型性格

第四種情形就是,若其"右腦王"
是一個善於體察他人之感受者
那麼這樣的內乾坤統治者便叫:右腦依他王
而當右腦依他王所任命之"心宰"
是一個喜歡獨處而不喜歡對外交往者
其宰輔所主張的也是閉關鎖國
那麼這種人就屬於右腦依他內向型性格
若其宰輔樂於利益大眾而倡導合作共贏
那麼這種人的性格就叫——
右腦依他外向型
如是依其右腦王與其心宰之不同
於是就分出來這四種
基本的性格模式

第五種情況:當其人
不是以左腦或右腦為王
而是以其心作為內乾坤之統領
那麼其心便能同時管轄左腦和右腦
而使其分工合作,同時又能使其
保持相對的獨立而各司其職
那麼這樣的人便是以覺智為王法
其內乾坤統治帝之聖號便叫:尊聖主
若該"尊聖主"是一個無大願力者
那麼這樣的人就是一個追求個人
逍遙自在的散仙一樣的人物

這樣的人看似靜默無聞卻是一個
與世無爭的真正高人
這樣的人並沒有固定性格
因為這樣的人屬於全腦自在內聖型
也叫全腦自在逍遙人

第六種情況：當其人
是以心為王而同時號令左右二腦為宰輔
且以天下為己任
此即為全腦內聖外王型
此種人出世入世均能駕馭自如
不僅有超常的直覺力
同時亦有超強的邏輯思維能力
此種人不僅能夠真正做到所謂的
實事求是，而且能以心轉境
獨守、外用，皆能自在隨性
此等人心包太虛、並善於開拓新業
亦同是以覺智為王法
因其樂於利益大眾而倡導命運共同體
故其得享尊號曰：
至尊聖主

心之舞
——變革篇

以幾十萬億細胞作為背景
你之極其微細的量子一樣的意志力
就如同三軍聯合作戰：第一集團軍
從肩部鎖骨、肩胛骨、胸部胸骨、肋骨
脊椎、頸椎……等重地一涌而出
全面佔領人體之軀幹
第二集團軍從肱骨、尺骨、橈骨、手舟骨、月骨
三角骨、手掌骨、手指骨……等關塞位置
強勢登陸而全面佔領身體四肢骨
第三集團軍則從額骨、篩骨、蝶骨、枕骨
頂骨、顴骨、鼻骨、淚骨……等要害部位
秘密滲入，因而全面佔領肉體中央首府之顱骨
緊接著這三大集團軍又同步擴散，從
所有的肌肉細胞中瀰漫而出
並沿著其最表層皮膚起伏的丘陵、陸地
沼澤等地帶，向外空輻射
進而全面佔領身體周圍的空間領域場
並於你從小的成長經歷中自我摸索
分析與總結而形成自身傾向性的
慣注力，從此你便透過這自相續的

慣注力而完成了對你肉身的管轄權、支配權
使用權和受益權。因此便可以說
你之人生體驗是好是壞：
一切皆是自作自受

因為
不同傾向的生命慣注力
會在細胞內部形成不同的心理情緒
當這些心理情緒像螞蟻一樣
爬出地面而作用於人體的三大能量中心
你之身體便會有與之相對應的感知受用
以及還算豐富的心理體驗
而當某些不受待見的情緒能量未尋找到
透過身體的縫隙進入現象界的機會
其中的極大蘊力便會積壓到令身體細胞
也無法承受和消解的程度,於是
這些情緒能量便會催動細胞產生異變
從而演變成為身體的疾病
所以滲入情緒中而理解情緒
以最終療愈情緒,便是你
要在生命之舞中認真感悟的
如何轉化不利情緒而收穫真愛的法寶
故叮囑：切勿已入寶山而空回

而且
要特別留意頭腦心智的狡猾
尤其當它以統治者之名

對身、心、靈指手畫腳時
便預示著乾坤顛倒
同時也是導致災難連綿的徵兆
如今全球範圍因內在能量被知見分裂
所導致的心理衝突與矛盾惡化已造就了
大量的心理抑鬱症群體
從而證明了負面能量不僅已經成功毀掉了
千千萬萬人的幸福生活、與美好人生
而且也充分證明了作為人之所需
不止是食物或物質，還要有
表達愛和享受愛的心靈需求
所以跳出狹隘的自我意識而站在全局
看問題，已經是迫在眉睫的必修課
並且還要重點觀照自我所擅長的
找借口、雙關與影射

你其實也知道
當下，自封為王的頭腦人格
即使已經感覺力不從心，但卻還是不願意
讓出其王座而向萬物之中的靈臣服
即使以共享自在逍遙為契約，卻仍然
不捨其風雨飄搖的苦逼王座
即使已吃盡了苦頭或是受盡了一切罪過
抑或即使努力之後等待著的
依然是苦難人生而時刻
遭遇其內在分裂能量的攻擊
就這一點，可以肯定——而且歷史經驗

也已表明——幾乎沒有一個
已經坐在王座上的虛假王
樂意或心甘情願退位
所以萬不得已時，來一場打破
負面慣注力的革命也是很必要的

接下來我要說的是懺悔的話題
這和一般的自我驅利的懺悔不同
這和回歸生發之前的感覺也不同
當然，這和為了生存而不得已的
忍辱、卑下、點頭哈腰的奴性悔過也不同
這懺悔也不是效命於天的那種心態
自然也不是從霧靄瀰漫的聖書上跌進
敞開的黑洞或是負荊請罪
更不是行走在夜空下的迷思
當然，也非頭腦意象中的認錯
也不像是正在磨碎的希望中的無可奈何
而是大步走過夜空以擁抱黎明
而是毫無利益考量的人生意義之反省
而是那包裹在胸腔中的大愛與無畏
乃是一個乾乾淨淨的誠
一個毫無目的的愛

最後
要再強調的是真正消融之後的再生
那是無盡困惑裏不停搖擺之後的那股探索驅力

那是巨大而又悲傷的孤寂背後的希望
那是狂野裏遺世翱翔的頂天立地
那是遙遠星空的愛之呼喚
那新生之力就猶如子宮裏孕育的孩子
那是永恒不滅的柔情與堅定不移的戀歌
那是悲傷時刻的安慰劑
那是不生不滅與持續化變的生滅性
即使有時被糾結難解的思緒纏繞或遮掩
抑或是在冗長、沉默中燃燒的不死慾火
抑或是在時空之間隔裏始終看不全的面向
而那看似十分遙遠的卻已
變得十分接近
那非常明亮的無聲的愛
那不斷穿過永恒向我們發送信號的
指引……

心之舞
——升華篇

你,活在"身"最初的時光裏
就在你生命孕育的最初一刻
"行蘊"第一次發起而"識蘊"跟進
隨之同步勾勒出來你肉身的意象
如同地平線延伸到另一端,緊接著
"名色"便在卵宮裏正式落戶
整個過程你都充滿好奇地看著
閃耀著柔和的微光
你看見身體的雛形,無比輝煌燦爛地
躺在母親的子宮裏
你之靈也靜靜守護其中
有時或用意識的指尖輕觸那愛的沾液
有時又或用意識的手掌矯正那"身"的影形
重憶起或再回顧體驗那尚未與肉身溶合的
曾經的你,以及你身在母體中
慢慢孕育的過程,那若隱若現的
期盼與歡快的期待,以及那不時
涌起的對未來無限興奮的遐想
那是多麼神奇

有人把這樣的憶起叫做覺醒
或是一個已開悟的心智
已醒覺的你將永遠對不時來訪的能量
或訊息保持無比明睿的警照
就如同一朵朵柔柔的雪花輕盈飄落
露出那一開一合藏在睫毛之下
閃爍著光芒的瞳眼
就好像每一朵雪花裏面都有一隻
神奇的眼珠一樣的情形
目光之遊移,便是內觀之尋伺
在那閃爍著神聖之光的靈覺裏
在那最為純淨的滋潤和養護瞳眼的
神奇的藍色海潮裏
有無數的詩句降落世間,不斷
提升你生命的品質

這樣的心智本身是遠為寬大
和充滿無限妙樂的,就好比
你剛化出一小橋流水的意象
那心智裏便會有一個靈識或自動化成
白衣仙女、撐著漂亮的傘
搖動她曼妙的身姿、緩步走來
以點綴你那意象中的詩情畫意
你若畫出蒼遠的青山意象,那心智裏
便或有另一靈識化成一個
背著寶劍的青衣女子酷酷地在山路上
或林叢之間、或飛躍或行走

你若畫出寺或塔的意象
那心智裏又或會化出誦經聲，抑或
化成出家和尚在寺院裏出沒的身影
……
是的，一顆超越現實利益的心
是極其豐富多彩而浪漫的

那如何將自己的心靈品質打造成
既活在世間又超越於世間的
自在超脫呢？不妨留意你
每晚夢的意象，便可瞭解自己有多
沉迷於現實利益的執著，包括夢境的場景
若老是出現過去記憶中的畫面
也都反映出一個人的心
是滯留在過去而沒有
真正活在當下，因為阿賴耶識是
一個不停涌動的意識海洋
裏面時刻都有在排練不同富麗的心舞
且永不重複，而只有當一個人過於看重
現實的利益或是沉湎於過去
才會將自己的靈性鎖在如同淒淒悲涼的
冷宮一樣的記憶裏，不斷重複那些
沉沉的過往

又或如何才能活出一種靈與現實交互的
詩意生活？從過去記憶中
釋放自己是必須的，如此方能

真正面對現實而活在當下
既不能沉溺於過去而逃避現實，也不可
盡打妄想而將意識投射向未來
林木翠壯而不離大地根源
人也必須自然而然地依本而活
現實離不開靈性的鮮活，靈性也須
安住當下方得綻放，盡管作為人
都各自有不同的理想或嚮往
你我也盡來自不同的因緣
卻仍不離共生的命脈——那
一切存在之靈性本源

要想透過生命之舞不斷提升
我們的存在品質
你也需要全面瞭解自己
綻放，如同踏著浪而來的灑脫
打開你內在心靈天使的羽翼
拓展你的意識達無際無垠虛空的
邊沿抑或是生命海的邊際
像是明亮的聖光注入你的眼
不來也不往、不去也不留
就只是一個片刻接著一個片刻充滿覺知地
在無限美妙的心境之中生活
讓靈性擴展至你所有的身體細胞
讓聖光沐浴並充滿你的心靈領域
讓自我消失於無形的愛中

如同忘我、沉醉的詩人
並借那覺知之力因勢利導地完善全我
暢飲當下浪漫的詩情、擁抱當下美麗的自己
讓你眼前的一切呈現出不一樣的新意
融入那亙古的道之奧秘
讓覺知不間斷地喚醒你內在的死寂
讓生命經歷變成一首首精彩的
詩篇和一幅幅美麗的畫卷
你完全可以——而且一定能做到
選擇讓你自己的生命在片刻片刻的
發生之中品嚐出不同的滋味
將自己修煉成為神聖的菩提薩埵
在你心靈的國土裏
擁舞高歌

心之舞
——策略篇

我看見左腦王所居住的
人體宮殿中央，就在他用鑽石
相砌而成的王的寶座上方
懸挂著一把由遠古精靈用洪荒之力
鑄就的預示著勇氣和權威象徵的
閃爍著冷冽光韻的寶劍
那劍刃無比鋒利，更是透露出一種
毫無挂礙的乾淨利落的殺氣
於無形中便帶給人一種不得不臣服的威壓
是的，這一類左腦王的性格是
敢於鬥爭、不怕困難
其所奉行的生存策略便是主動競爭
以戰勝他人或以收割他人利益來
強大自己、抑或是以掠奪他人
為其強身固體之本
這在娑婆世界的主流文化裏，亦將
這一類生存策略的人定義為強者
而備受世人稱頌，即所謂的
勝者為王

而另一類左腦王所擅長的是防衛
其宮殿四周的防禦工事，可以說
極其完備，且每一防御設施的
四方上下也都安裝了絕無死角的
高清監控攝像頭
同時，在其宮殿內部
也有無數隱形的監控設備，即使在
其宮殿中央大廳的吊燈之上，以及
在其垂下的菱形裝飾水晶裏面
也都暗藏著紅外線監視眼
這樣的設計，一方面讓宮殿內
溢滿了分散的斑斕色彩，且光光反射
交映、折射……而向各個角落噴灑出
遊龍一般的彩虹裝飾
另一方面在其冠冕堂皇或充滿豐富
形容詞的、華麗的光之語言
掩飾之下，其人便能成功地虛擬出
一個次身，以成功地將主身隱藏
而同時掌握他人的一切秘密
這一類人的生存策略是防御
其防人之心就如同水晶吊燈
在鏈子上不停地旋轉、所有的細節
都被顧及、抑或是所有環節
都被再三推演，因此
這類人會經常失眠

接下來我要講的是第三類型的生存策略

這一類型包含自閉左腦王、也包括
軟弱的右腦王。這一類型的生存策略
在大自然的動物界也比比皆是
絕大多數的食草動物統屬此類
比如：溫柔的綿羊、高雅的梅花鹿
可愛的小白兔、以及猥瑣的小老鼠……
這一類型善於忍辱，卻不擅長
負重，害怕與人暴力相向
很自然的，此類人也沒甚麼大志向
一遇危險就逃避或立即躲起來
不喜歡擔責，即使在做夢中
遇到危險或是敵人時，也是以
撒腿就跑為策略，故逃避
便是這一類型人的性格弱點
期待救世主或想找一個人傍大腿
也是這一類人基本的心理
在娑婆世界的文化理念中
這類人也被定義為弱者

第四種類型的生存策略叫
對抗式平衡
這屬於統御領域的平衡智慧
我們的中醫也就以這種策略為理念
其訴求不是要徹底殺死病毒
而是要在正常細胞和病毒之間
達成一種共生之平衡
有了此種覺悟的人，也因瞭解

因果，所以再不願為了生存
抑或是為了利益而使用暴力
去掠奪或霸佔他人的成果來強大自身
這一類型的人，敢於
面對現實和挑戰。面對敵方
雖不會以惡制惡去對待
卻也絕不會逃避或害怕，也絕不會
因無可奈何而陷入情緒上的悲觀
因為有足夠的膽識和智慧
所以會以積極和樂觀的態度
尋求暴力衝突之外的
平衡途徑

同時，我們也要知道
暴力的爆發
其實是源於一種無力感
是自然的心理或情緒表達的途徑
受到觀念認知的分裂或阻礙所致
其背後的主要成因是集體意識的
整體趨利問題，由於
狹隘的人生價值宣導或成就感的
"物化"定義，使得本有的知足常樂
或本可以輕易獲得的無憂
無慮的生活，被虛榮的攀比
所誤導，進而在所謂的"人上人"的
成功觀念禁錮之下，而逐漸忘卻了
人活著的真正價值和意義

以及更多可能的生動
而精彩的活法

最好的一種生存策略是愛
即使欲圖謀大的發展，也不需要
你死我活，完全可以互補共生
只要抱持愛心去包容、去尋求
發展的路徑，其實並不難找到
共生共榮的道路
就在人類意識不斷覺醒的今天
其實已經具備了走出這樣一條
光明道路的智慧和條件。關鍵是
要有愛！不然，單純的
利益平衡，也必定會令人失望
生命的受用是從心靈到心智
發展而來，最終還得從
心智返回心靈以協同
所以要相信，愛
對！是真愛

心之舞
——突破篇

在一隻無形的手風琴——
那巨大的風箱裏，一隻孤雁正翱翔於
夜晚空闊的江面之上、她一邊飛
一邊痛苦地悲鳴……她之不幸或是無助
是源自於與族群的脫離
這本不應隨便歸責於原生家庭
自然也不應簡單總結為：成長
必須付出的代價
雖然無家可歸的她，只能顧影自憐
但隨著與風箱連通的鍵盤指令的發出
正在空中舞動翅膀的迷失方向的她
便想到"安身"以結束漂泊
於是她飛下寒池，只見眼前一片
草枯沙漫，一直伸到遙遠的天際
在江水綿延的倒影之中，她瞭解到
不僅是惡者或是善類，甚至連英雄
也都會遭遇難以預料的苦痛
於是自知孤掌難鳴的她，這才有了
第一次從未有過的深刻反省

並寄出了重返樂園的思情

我知道在那"風箱"中苦苦掙扎的
類似這只"孤雁"一樣的人比比皆是
且盡是側重滿足"左腦"利益之訴求
而忽略真切的心靈感受者
且還生怕所謂的"負面情緒"會
造成干擾而選擇壓抑、或是採取所謂的
"徘徊遷延"策略、以試圖瞞天過海
這還真是"自欺欺人"或自以為是
這就如同手風琴裏面那些音栓和音管
如果"風箱"之氣能夠從心所欲地
透過這些音栓和音管發揮其不同的作用
那很自然的,這"風箱"中的氣
便能生發出各種甜美神奇的顫音
就這象徵語而言,我們的身體
也就如同一架手風琴,其"風箱"中
鼓動之"氣"也就代表我們心胸
之中涌動的情緒,所以
對於善用其"氣"之人而言
根本無需壓抑,因為
情緒就是能量,怎可浪費?只需
鼓動之、以發出玄妙音
即可

可見,這人體"風箱"之氣還真是
無價之寶啊!它能給擅長"運氣"者

提供能量支持、以創造豐富多彩的受用
而對一般人而言，"情緒"則成了一個
巨大的包袱，欲棄之而唯恐不及
所以在現實中，那些不懂得如何
經營而只會糟踐"氣"、以及那些
專教人們如何打壓"氣"的師者們
皆是人類苦難、戰爭和疾病的專業
生產商、抑或是專業軍工廠
而那些擅長"運氣"或善於
經營情緒的人，才是真正的高人
和真正懂得享受生命妙樂之人
在每一個有文化素養的家庭裏
如何鼓動人體"風箱"唱出美妙絕倫的
大雅和聲？這應是不可或缺的
心靈素質教育

可是
我們看到的真實情形卻是
一批一批對生活懷著美好嚮往的人
走著走著……不僅沒有活出真實的自己
相反，越來越灰心喪氣、越來越
身不由己、越來越鬱悶、越來越苦逼
甚至很多人把這實屬難得的人生
經營成了千瘡百孔的慘不忍睹
有很多人成了精神分裂症患者
且數字非常龐大，就光是中國
抑鬱症患者就將近三億多人……這是

多麼可怕的災難和痛苦製造力
以致於很多人就只能將"包袱"
扛在背上到處流浪
無助地對著麻木不仁的同類
自顧自地訴說著心中那些無法
被瞭解和無法被描述的鬱結
和時不時從牙縫中
擠出去的囈語

有誰會真正瞭解你獨自前行的艱辛
這又讓我想起那只深夜裏獨自飄零在
"風箱"之中的孤雁，那哀泣就如同
錦箏彈奏心中的無限幽怨
未曾料想來一趟人間
卻只能整日忙於房貸、車貸、裝修貸
消費貸、經營貸……以及
費盡心思地忙著互刷各種信用卡
到底是何種原因導致一個本具
無限可能、甚至一生就可
修煉成佛的人，活成了如此悽慘的
面貌？這無疑是最為失敗的人生寫照
需從透析頭腦心智的分裂認知上
去內觀：意識如何影響命運？以及
潛意識又如何與顯意識對抗
而造就出你當下如此
這般的人生

你是否還能憶起
出生之前的本來面目？是否有問過
我是誰？我從何處來？
又將何所歸？又抑或除了
被集體意識、或是被現實綁架的
房奴、車奴、信貸奴……等生活方式之外
還有沒有新的突破的可能？如果
你能真正靜下心來參悟那
命運背後的運作真相
那麼，你便可以真正自證：原來
一切皆是自作自受啦！那麼
同樣的，改變命運亦是如此
如果你能重視在暮雨之中、在
盲從之下、抑或是在危機時刻
聽從你內心的呼喚
便不難活出你真正渴望的幸福
以及人生的精彩

心之舞
——暴動篇

本是光的後裔,而現在那一團團
擁擠在一起、爭吵不停的能量
卻被眼看見了,而後
那神奇的存在便透過視神經
秘密傳遞給了大腦,就這樣
一隻赤裸著脖子的禿鷹
便被所謂地發現了
而這人其實就坐在一旁的凳子上
他看上去面色紅潤、興高采烈
抑或是得意洋洋
而心理醫生卻將其診斷為狂躁症患者
其原因就是他頭腦裏有好多
像禿鷹一樣的意念在爭搶地盤
在那些禿鷹皺巴巴的臉上
似乎還布滿了腫瘤,這大概
也是其人心境高漲的原因
他整個內在的意識能量
就如同一簇簇混亂的
熊熊燃燒的火

且隨著其思維的奔逸
一隻只火兔也從洞口飛奔而出
此時，那一群正吵鬧不停的禿鷹
便隨即轉移目標，集體飛向
頭腦意識的上空盤旋、展開獵殺
火兔們頓感危機四伏
在廣袤無垠的意識土地上
四處逃竄……而與此同步的是其
人頭腦中的聯想功能開始加速度
思想開始狂奔、觀念也變得飄忽
同時表達欲激增，大有言語跟不上
思維速度之感，且一刻也
無法停止不說話

接著是混亂的戰馬如潮涌來
大地頓時狼煙四起，所過之處
尸橫遍野。隨即大地張開血盆大口
一時，地上那些橫躺豎臥的尸身
就好像活過來了一樣
紛紛涌向那張巨型大口
那大嘴將所有尸身一口吞下
接著慢慢地咀嚼……
過了不一會兒，大地又再將嘴巴張開
從嘴裏噴出一股股火紅的岩漿
隨著周圍的山石也跟著融化
接著這些岩漿便流進了血管
此時，觀察一名狂躁者的

臨床表現,便是:
精神運動性興奮

同樣的火氣隨後滲入軀殼、肌腱
和皮膚,而後同樣的精神興奮
便導致其活動量增多
在社交場合中的表現也日常活躍
在工作或是學習當中似乎還能
發揮超常,只是大部分時間
是處於激動不安的狀態
其沉睡於深邃深淵的壓抑意識
皆感應到了召喚
甚至其身體骨骼細胞裏的妄想意念
也開始活躍起來,所以
這和抑鬱患者的狀態不一樣
因為這些能量似乎不想再沉睡
所以紛紛起來鬧革命
這就是所謂的造反有理,所以其
內乾坤的秩序才會那麼亂

這就是為何狂躁症患者的
注意力不集中而很容易分神
因為其聚焦意識
隨時或經常性地隨境轉移
當然心隨境轉是絕大多數人的毛病
只是一般正常人的內在能量
沒有那麼躁動不安而已

雖然有些人走的是壓抑路線
但最起碼他所表現為正面的能量
還能暫時鎮壓得住那些反面能量
這和我們前期對待"小冠"的態度
似乎有某些詭異的相似性
雖然我們永遠都是偉大而正確的

但是理性的壓抑必然會導致
本能的衝動行為
因內乾坤秩序失守，所有在歷史上
那些曾經被壓抑的能量便會趁亂
尋求釋放。所以會導致性慾亢進
抑或是行為輕率，抑或是
為追求刺激而不顧及後果
因不滿於做沉默待宰的羔羊
所以便紛紛起來篡位
這時，即使是諸神也不得不
收起他們永垂不朽的祥和、並快速
用水泥將其耳朵嚴實堵上
其慈祥的眼珠子更是意味深長地
從一側移向另一側
對正方和反方各瞄一眼之後
便移回中間以閃電一樣的速度
閉上雙眼、同時緊閉雙唇
一言不發

心之舞
——需求篇

和那些在某種特定氛圍裏孕育而出的
美妙而豐富的流行價值導向比起來
個人自主的人生活法根本就算不上甚麼
在那些浸染了許多生命事件的記憶之下
是潛意識，它們帶著因為
長久未被關注的氣氛，充滿了
人類夢想的特殊混合物
在夜晚的夢中，在那心靈的土壤裏
那些意識便會迅速地生長繁殖
因此從夢來瞭解潛意識
便有助於我們孕育和書寫新的生命
在每一個當下整合潛意識
讓生命美妙地開花結果

在現實之中
確實有不少整日忙碌的人
並不知道自己真正需要的是甚麼
要成為一個甚麼樣的人也是模糊不清
很多人的人生其實都是被人安排
即使不乏有取得可觀的現實成就者

也會因短暫的一生並未按自己
真正想活的方式去活
而感到無比遺憾
瞭解自己真正的需要是甚麼
這於一個人人生的經營而言
其實是非常重要的課題
清晰自己之所需,方能避免盲從
也能讓自己的意識能量更聚焦
從而做出一般人難以企及的
在某個領域裏的非凡成就

那些看起來似乎很無辜,而
不能按自己真正的想法去過活的人
其實真正的原因是不瞭解自己
我們講自知之明,這自知
不僅僅是知道自己是甚麼心理
還包括知道自己要甚麼
和不要甚麼。尤其當我們處在不同的人生階段
面臨重大選擇的時候,能清晰自己之所需
便可避免那些艱難決策的過程
尤其影響我們人生命運的重要情節
也都會在每一個人的心相界提前預演
所以一個人若懂得和自己的內在溝通
自然不必如老夫子所說的五十才知天命
能夠早知天命豈不是人生方向更明確
所作所為更能有的放矢嗎?

尤其重要的一點

知道了自己的人生發展方向
便可以針對性地來構建自身的信念體系
以避免因為信念的混亂而導致能量分裂
從而出現所謂的力不從心
或不必要的精力紛耗
以及出現所謂情緒上的干擾
而且除非你能知道自己的信念
否則，你也無法瞭解自己的情緒
由於很多人在人生成長的過程中
透過書本或受他人的影響而建立起來
自己的認知大廈，且很多自己深信的信念
卻並非是於自己的人生發展有利的
甚至有很多認知、信念彼此矛盾
按照"唯心所現，唯識所變"的原理
彼此矛盾的信念也會導致
一個人情緒上的喜怒無常

在表象之下
是層層疊疊的意識森林
所以很多人也都只是在被動地經歷
各種莫名的情緒。就如在朦朧之中
一個人開始顛三倒四地說些沒人
聽得懂的囈語，其背後所反映的
也是認知的混亂
尤其有很多走腦的人，當彼此矛盾的
各種認知都在其腦袋中運作時
其心靈的力量便無法透出來

所以很多人特別容易疲乏
就猶如好比一個人將憤怒也定義成了不善
那麼在此種情形下，一旦被激怒
你就會感到羞愧而愈想做個「善」人
那麼你的心就會變得愈自卑
從而就更顯得沒有力量了
在霍金斯能量表裏面，羞愧
即是幾近死亡的最低頻能量
所以優化信念
才能避免出現此種情況

古人講非聖書不讀
如今的網絡確實為我們獲取各種
資料信息，提供了方便
但是更可怕的是，各種不究竟的
言論也大量充實其中
尤其對那些尚沒有分辨能力的小孩而言
就不一定是福音了
尤其在物質生活已很豐富的今天
人們的幸福指數卻未必有古人那麼高
這與現代人的認知混亂是相關聯的
當有意識的認知標準或定義
已引起了你很大的痛苦
那麼從這個來源，我們便可從中
收穫相對有益的啟發性信念
這就是要明明白白地為自己
量身定做有助我們履行使命和獲取
美好幸福生活的意識驅動

心之舞
——魅力篇

你是一座神秘的花園
幅員極其遼闊，而且是由無數空間
層層疊加在一起而透到現象界來的
同時，你之存在還朝向幾個宇宙中心延伸
且從頭到腳分布著許多不同的區域
和功能地帶。所以有關反映你
身體狀況的信息，也會透過這些
內部通道以感知形式傳遞給
你在現象界履職的頭腦人格
且身體不同部位皆有其象徵含義
所以當頭腦人格懂得這些暗號時
便能透過在身體不同部位所收到的信息
而快速解碼出該信息的具體內容
從而及時與內在達成共識

這是在身體健康方面的重要密意
與此等同價值的還有你這座神秘花園
所延伸作用的又一個主題版塊
即你之精神氣質，這是透過你內在
那冗長的神經網絡深處

向外潛射而來的一種莫名的魅力值
在有形和無形面交匯的玄間
這瀰漫開來的精神力也在無形中
影響著你皮膚的狀態和色澤
於是經由這一原理,也就有了
提升你魅力值最可靠的實操方法
這是讓人格自我的想法
被其內在接納而心想事成

是的
那無數攜帶著指令的細胞
始終在遵循一個"道"的原則
自動堆放我們每日所使用的身體
而且會如是依尋"人生五季"的
成長規律而對身體的外形進行特大改動
且是發生在若隱若現間而讓人渾然不覺
這是"道"則,我們無需與道作對
但有些則屬於個人因緣與信念問題
諸如,有的人怎麼吃都不胖
而有的人怎麼不吃都會胖
諸如,因"覺得自己不漂亮"的心念
而導致別人也以同樣的看法回應其心念
於是便佐證了自己的"醜"
而這些卻不屬於"道"則範疇
完全可以通過修改信念而讓自己
在不知不覺間變美

天地間確實存在永恒不變的"道"

但"道"也同時賦予了生命無限廣闊的自主性
作為智慧的心之舞者,更是具有
無限的可能。而且很多神奇的改變
也都可以不聲不響地被偷梁換柱
你只需按照"道"的指引去執行即可
而當很多人就只是為了生存、或就只是
為了所謂的現實目標而忙碌時
那其人與道或與真我之間的關係
也就如同離根的樹,終將枯竭
而與之不同的則是,作為一名舞者
你越是能將自己融於"道"中
也就越有活力。其覺知更是
比一般人靈敏與深邃,從而具備
超前的感應力、以及
洞悉未來的預知力

而且,作為一名心之舞者
是走心而非走腦之人,所以其生命
是生機蓬勃而豐富多彩的
且因其頭腦中匱乏的信念已被移除
因而不再被"錢婆婆"所統治
從而活出生命本然具足的、真正的
豐盛與富足,並將自身之存在領域
不斷擴大、且如同蓮花一樣的
不斷淨化和升位,即不僅能在現象界
活出灑脫自在,而且還能活出深度
甚至還能同時活在不同的維次

也就是你不能只是以人格形式活著
還要同時在真我的境界上活著

因為人格自我並非真我
所以人才會經驗失望、無助和痛苦
而道是神聖而圓滿的
一切生命也都活在"道"的自是自足之中
包括死亡本身也是自是自足的體現
而人實際的痛苦或是不如意
也就只是人格自我的迷失所導致
所以只要人能真正放下與"道"相背的
錯誤認知，也就能夠重返道中
而每時每刻活在道的圓滿態裏
這是宇宙自然的法則
它體現在物質及一切生物裏
包括你之獨特魅力

心之舞
——美麗篇

我順著梯子爬上鼻樑,又沿著
鼻樑走了好幾天,終於來到鼻根處
因其左右兩邊是聞名遐邇的日月湖
這裏藏著天地間最為神奇的奧秘
關於美麗,更繞不開此祖庭聖地
面對這美麗的精髓,我沐浴更衣
小心翼翼地靠近,以比羽絨
還要輕柔萬分的愛、獻上我的雙膝
我知道人所有的秘密
也都藏在這雙神奇美麗的明眸裏
智者稱其為心靈之窗
透過此窗戶往裏透視,不僅能看出
一個人每逢喜事精神爽的光韻
同時還能捕捉到人生
不利危機的預警

且還遠非這般神跡
越往裏探索,更彷彿進入了一個迷宮
要想遨遊通過這神性加持的明湖
你還得做好在不經意間撞見神的準備

這在白天向外閃爍靈光、夜裏卻
還能繼續在夢裏提供"看見"美麗的能力
又豈是一般人能夠理解的神奇
就這遠超肉體的神秘存在
若將其邀入進我們的心舞之裏
又將會有怎樣難以預料的
功能與作用顯化？我們可以
借用祂那最擅長聚焦的特質
而將意識力化成一道激光
如是，便能很輕易地洞開空間
去體驗和發現那更多
存在面向的自己

這必給我們帶來更深啟迪
此刻，我的意識已化成了一個
如同雪花一樣細滑的袖珍版的我
就像游泳的人拍打著水
我用身體輕觸我的眼珠，一邊繞著它
一圈接著一圈遊動、又一邊
用那張袖珍小嘴親吻它、並
同時用袖珍小鼻孔親嗅它
就像一條巨大的海豚探索一座神秘的島
我搖頭擺尾跳起了反映
升降和自由的心舞
同時發出一道道海豚音
將我在人間所收集到的情報
猶如透過道道加密的聲波
直接傳遞到生命宇宙的中心
就這樣的一曲心舞結束

全身真那個樂爽

　　就猶如有人在夜裏睡覺
　　也會和被子摔跤,絕大多數人
　　終其一生也都在和自己、和自己的
　　能量摔跤、和自己的慾望摔跤
　　但卻始終未看見誰徹底征服了誰
　　相反,這樣的較勁反而造成
　　彼此皆被監禁,而且在現實人生中
　　被監禁似乎已經成了很多人
　　一生命運難解的主題
　　就像一個人從太空艙裏
　　被扔進浩瀚無垠的宇宙
　　其結果就只能是一個人孤獨無依
　　或神志不清地在太空中漂浮
　　直至生命終結

　　關於怎樣的人生才叫美麗
　　前面已講到的四個層面也都很重要
　　但接下來所講的這第五個層面卻更為關鍵
　　這也是修行人要證悟的美麗大道
　　既然是"道",那就不一定是
　　普通世俗"美"的標準
　　世俗的美多依賴於外表的裝修
　　而"道"的美乃是源自於最內核的
　　精神品質之發酵,然後
　　再一層層、如同從一個圓心

擴散開來的波紋,這是
從裏向外輻射
所謂心之舞也是這樣——
從內到外舞出來

最後一個層面是如何
主動於心舞中、重建你自身的信念裝備
以重塑美麗的人格自我
作為一個最佳舞者
你要相信愛、你更要信奉真愛
隨著舞動將你的肢體打開
你沉睡的心靈也會隨之綻放光彩
靈的醒來也必清除一切霧霾
就在那音符與音符間
透出靈光而慈美悅愷,繼而
穿越一切禁錮自我的邊界
收穫最為豐盛圓滿的
洞見

心之舞
——榮光篇

此刻,我正用搖鼻呼吸
從脊柱裏借用閃電——借了非常多
非常多的閃電種子
我將精心預謀一場雷霆暴雨
就在頭頂厚厚的雲層之中
偶爾有那麼一絲幽暗的微光
但是極弱、相反烏雲們的隊伍
卻在不斷增生——那些雲
雖然統一的著裝是烏黑
但是它們的心思卻沒那麼簡單
其中有扮演雙面角色的烏雲
也有當替身的烏雲、還有慣說謊的烏雲
以及那些冒充好人的烏雲
與我們平常所稱道的
各種意識心有著深刻關聯

它們不停地隨風而動、彼此糾纏
互相交換情報,而在烏雲深處
一個不可告人的秘密計劃卻在順利進行
是的,受過風寒的人也都知道

就在接下來的夜晚或是隨時隨地
一場大暴動就將席捲全身
就作為此刻的我而言、已明顯感覺到
就在我頭部穹頂這個位置
估計有上千億細胞已徹底失去戰鬥力
或是已完全被這烏雲們用生化武器所麻醉
因為我清晰照見從心部傳到腦部的
豐富想象力被截流、迷惑、混淆
而其中也不乏各種正面心與反面心
就如股票跌漲的曲線一樣
成彼消此長之態勢

而這次我為何不惜動用儲存於
脊椎骨髓裏的雷霆種子呢?主要還是
因為我必須完成這篇心舞詩語的書寫
有道是"國之利器不可以示人"
可我還是秀出了電光火石的雷鳴
且同時用揹鼻呼吸穩著局面
按照慣例(我已收到情報)它們會
趁亂攻擊我一直盯著手機屏幕
不斷打字的眼睛、讓其流淚……
或是直接讓眼睛看不見字
但是揹鼻呼吸卻有效克制了這個問題
再一個就是所謂的立象盡意
很多微妙的道理是語言無法說清的
因為存在超越一切語言
所以為道出那不可說的,佛只能借用

象徵語——我們系列詩語
也是借用這一風格

今日的緣起似乎就是為了向大家
介紹搗鼻呼吸！因為上午
我一直站在書房寫字
房間裏沒有暖氣也沒有空調
幾小時之後我才發現窗外正飄雪
而我的腳已被凍僵、手則凍成了赤紅
同步發現寒氣早從腳底
破門而入、並順勢蔓延到整個背部
於是才急忙結束書寫
回到客廳的電爐旁開火取暖
隨著四肢的暖意恢復、才發現寒氣
在走投無路時竟借勢霸佔了我的頭部穹頂
於是搗鼻呼吸起效了。而我試圖
布雷在頭穹頂去展開的一陣狂炸
最終也未發生, 因為就在我一邊
用搗鼻呼吸、一邊敲打這些文字時
那些寒氣已然逐漸消散
而那些試圖搞事的
烏雲先生、烏雲小姐等搞怪一眾
見勢不妙則也都"心甘情願"地撤離了
突然想到今天這主題——如何在生與死之間
綻放你生命的榮光？這
搗鼻呼吸絕不能忽略

是你造成你自己的實相
這在幾千年前佛的講法中,已
闡述得很清楚,是你意識創造出
你從很久以前到現在、你不一定
完全滿意的現實人生。在那意識的深海
那些習氣很重的業識都有各自的
執著、和迷思,而有著源源不絕
生殖力的豐饒的慾望
更會本能地透支消費、不斷將福報
損耗在一些純粹虛幻的攀比上
在虛假上創造出更多虛假
在毫無價值的虛榮上創造出更多虛榮
在高大上的愚痴上不斷增加
更多愚痴的排列組合

就猶如對待"小冠"的態度
很多人在脆弱的茫然中同時服用著
各種各樣的藥方,諸如:代表科技的
西醫方、代表陰陽的中醫方
代表勞動人民樸素智慧的民俗方
代表各種怪力亂神或神秘文化的巫術方
甚至有平時根本就不信教的人
臨時抱佛腳去寺廟服用懺悔方
當然還有服用象徵天主的禱告方
以及代表生命超脫的佛力方……
很多人只要是"藥方"都通通用、或是
合併用、或是混著用、或是

綜合在一起用
甚至有多年修佛的佛弟子
也對佛的藥方表示懷疑
同時"混服"各種方
從這些有趣的表演上，便能夠照見
一個人內在標準的核心信念周圍
一定潛伏著大量紛擾的認知族群
所以我現在終於相信了
很多人修佛要耗三大阿僧祇劫
這是一定一定的

心之舞
——化敵篇

在寂靜的光裏有無數符號在自行排列
它們自娛自樂、一會兒排列出了一盆
熱騰騰的肉包子,那裂開的縫隙裏
還滲出來一絲絲黃油
隨即一條兇狠的藏獒出現
只見它將血盆大口一張、整盆的肉包子
就不見了、一個都沒給人留下
一會兒那些符號又自動排列成
一漆黑樓道,我隨即現身樓道之中
手裏拿著一把手電上下左右照射
這時我便看見自己
曾經穿過的一雙運動鞋
鞋底上還沾著笨重的泥土
一不留神,這兩隻鞋又都變了
其中一隻變成了奔跑中的溫順的鹿
另一隻則變成了追鹿的豹
這時我才回過神來,無論是
先前兇狠貪吃的藏獒,還是此刻
正健步如飛捕獵的豹,在它們的
血肉之軀裏面,其實都應該有我的

一份意志活在其中
以消除或改變一些消極無明的成份
使它們的心靈也皆得到成長

那意義之所在
讓我繼續往更隱秘的空間挪動
我觀照的光束照見了一記憶中的花盆
栽種著一場政治迫害事件
我聞到了那血腥,是在雨水裏
秘密行動的一輛輛運屍車,那充盈著
整座城市的屠殺,活著的人也都在迴避
而那神秘的極光卻正把這些隱晦事物
重新帶回到寂靜的光覺裏
第一個指令就是"正視問題"
所以我繼續照著它,那畫面隨即就又變成了
一聖潔美麗的白袍天使
她被釘在十字架上、正在淌血的足下
有人敬獻了鮮花、花瓣上也在流淌血
而在另一雙微閉的眼瞼裏
靜靜響動的則是咕嚕咕嚕……這是
煮茶的開水冒著泡

接著我在人間的身體便自動端起茶杯
喝上一小口、還不忘贊嘆了一聲:
好茶!但也只是一半意識在這裏
另一半意識依然繼續在
那漆黑的樓道裏探索

而這時出現的是一把倚靠在木櫃邊的
魔法傘,我將其打開並遵從我的想象
讓十法界一一顯現,但事實上
它甚麼都沒有顯現,因為今日的主題是
如何與對立能量打交道?於是我
立刻熄滅掉手中的光源,重新輸入
安撫、馴服敵人之無上秘法
這時"時間"老人便一瘸一拐地走了出來
他和人一樣總共也只有兩條腿
但是其中一條腿卻極短極短
而另一條腿卻又極長極長
比如,在得意忘形或昏沉沉的閑聊中
他那條原本極長極長的腿
便一瞬間縮到極短極短
甚至短到讓人看不見

時間就這樣不知不覺地被剋扣了
但在另一方面卻又給人意外驚喜
比如你正打坐消業、或是惡緣現前
而身陷痛苦的煎熬之中時
你便會發現"時間老人"那條本來
極短極短的腿、一瞬間就變成無限長
甚至不低於十萬八千那種倍數遞增
這時的"時間"在流動的時候
都是一秒一劫、一劫一結……
甚至更慢。這"時間"流動的奧秘
實際上是在叮囑我們不要輕易結惡緣

並同時催促在惡報尚未現前之前
趕快行動與一切惡緣和解
是的，理解對方之敵意並與之和解
也是修行人不可迴避的人生主題

那把魔法傘是象徵著我們最終的庇護
但在不知不覺間，我們很多人都搞忘了
自己原本就有這樣一把保護傘
風裏來雨裏去、才發現很多人其實
已經走在離本心越來越遠的路上
走在鋪滿了虛榮與虛幻的慾望叢林之中
被四周饑渴而濃密的敵意所包圍
很多人不懂得珍惜善緣、隨處交惡
當然有很多人是以惡結惡
我們的人類文化裏有講以直報怨
也有講以德報怨
也有講以"恨罪惡而愛罪人"的態度寬容
那些罪大惡極者
除了不願或難以接受的情感因素
我在魔法傘中就該主題的探索也並未結束
而我在人間的一半意識則一邊半挂眼簾
一邊繼續喝茶、享受生活

這時那傘又打開了另一古老的記憶
充滿了驚人的情節和令人陶醉的故事
然而，這生命的誘惑又通常是以
十分無辜的心動展開的——

一切就從一個小小的貪婪開始
因為一心想要得到在密林中邂逅的她
於是……繼續了幾個"於是"之後
國王的軍隊就踏平了整個村寨
士兵們更是打著為公主報仇的吶喊
就像割草一樣讓一顆一顆人頭
飛了起來、並伴隨其噴射而出的血柱
從不同方向成各種拋物線形狀
落到地面、並隨慣性推動
在地面上繼續滾動……
而這一幕幕恐怖的情節背後的真實意
在這一顆顆頭顱上的那一雙雙
驚恐的眼神裏，我卻未曾找到
因我已匆匆收回了那一半
神遊物外的意識

心之舞
——威神篇

將自己封閉、就如同一隻螞蟻
在雜草與亂石中穿梭，那路線
便堪比天上的星系還要複雜
體會一隻螞蟻所面臨的道路選擇
也就能理解作為一個人在每個當下
所預示的無限可能
無論是在白天、還是在夜裏
我執都如同一隻激光手電筒將光束
聚焦於朝向外之某一單一的質點
於是，這人個人力量的信心
也隨之向外在轉移
而附身於所謂的現代科技
包括用所謂的西醫治療疾病
尤其當所謂的治療"果真"有效時
一個人對其內在威神力的信心
也就越喪失，最後就變得
越來越缺乏力量

但是，即使再微不足道的生命
其背後也都本然具足——無上威神力

而且,其威神之力即在當下
尤其當非實質的自己與肉體實相相會時
光是對那個實事的認識
也就能重振你之生命。如果你足夠
警覺,就不難發現一雙無形的眼
始終寸步不離地跟在你身後
就如同演技極好的搭檔,那雙神秘之眼
甚至會時不時地偷偷刺痛我們平淡的生命
就如同一多維"神通寶輪"在掌心轉動
那內在與外在之關聯性,便是
所謂威神力之爆燃點,隨後
其在現象界之顯化,也就成了
自然而然的一樁事情

可見,如你能正確地應用其內在之威神力
那你必將覺察到借由與你肉身的交會
那非實質的能量便被轉譯成了
一種有效的個人力量
就像突如其來的風暴試圖移動我們的
門牌號,周圍的建築物也吱嘎作響
而企圖在外界用衛星定位系統鎖定
我們內在的信息源頭
也都會落空
正是因為你不可能佔有那無形
而所有外求無效之後,我們
自會與啁啾的野鳥一起
共同赦免自己

就如同剛學會走路的馬駒
赤裸著身子與成長意識"澆築"
盡管每一個靈活的頭腦也都發展出了
習慣性討價還價的虛假自我
但其後來的結局，卻始終會客觀地見證
道的力量——雖然無形或似不存在
但一切背道而馳的行為
最終卻都演變成了警醒世人的反面教訓
但殘局卻又在我們渾然不覺的時候
已然收拾妥當，又完好如初
你從此之後也就真心不再需要
把你的威力感轉移給其他人
威神之力的練習也正是要使你熟悉自己的
能量以及如何指揮其能力

因為我們所看見的外在乾坤
只不過是我們內在心靈向外的投影
這是有史以來最難參悟透徹的真相
不過透過夢，你也許能夠
把這層道理真正悟明白
因為所謂夢，其實也就是以你的
一部分內在心識作為投影源
投射而成的一個幻影（即夢）
因此透過其無限放大之後的這個幻境
我們便可以無比清晰地看到、感受到
甚至觸摸到自身內在的
一部分心識

一旦悟明白這個原理
你就會懂得所謂威神力之顯化
其實就在內在，就如同
一些原始部落、因眾生共業
而出現危及生命或生存的嚴重乾旱時
該部落中德高望重的巫師
便可能即興跳起求雨之舞
連續幾日或數次跳舞之後
天空真的就下起了瓢潑大雨
這是因為他們已然瞭解——
存在於自然的所有部分與心靈的對應關係
同樣，通過訓練自己清醒地進入夢世界
便能將信念客觀化成意象對話形式
這就如同我透過手機顯示屏
清晰地看見了手機內存卡上的
相關數據一樣的道理，而我們
透過心舞，同樣可將
阿賴耶識硬盤上的相關意識心
顯化出來——
讓其被看見

心之舞
——整合篇

裊裊上升的一縷輕煙，迎向
生命走來時最初的聖潔
端坐蒲團上，便倣佛已然脫離了塵世
然而不知不覺間潛在的慾望
卻又踩著腐敗落葉跟了上來
將抑鬱的愁緒傾灑在
七寶莊嚴的宮殿上
而一場惡劇卻又同步醞釀於
心理和生理的春季
一時，如潮起伏的群山拜倒
而藐視膝下一切細弱的蟲蟻
心的召喚則始終站在岸邊
平視那些泅水而來的生物
心願是否能於晚晌
被接納？因為

拒斥，已不止一次
且每一次拒絕都有一批遊魂
秘密從水中上岸、似乎就只是
一步之跨，可心與腦聯通的距離

卻被凝固於一片虛妄之中
胸間萬壑,應有霽月清風
以助力潛入深淵去探寶
這在心舞的情節裏,其實也早預設了
這樣一條英雄攜寶歸來的暗線
許給每一個渴望擁抱神奇的靈魂
在每個當下帶著全新不二的體驗
收穫豐盛美滿與愛的禮物
在陰與陽的入口和出口
重組飛翔的力量

每一個人的一生
其實也都有大量的眾生需要被救度
而所謂眾生無非是指一個個思想念頭
因大腦會習慣性將事物分成
好和壞、美和醜,於是
才有了所謂好、壞思想,以及
所謂"惡魔"的誕生
本是眾生一體而人為製造出分裂
並因分裂而造成內在心理能量衝突
繼而向外投射成一個人在現象界
所遭遇的各種人生問題
所以解決問題
應從心上解

如今哲學家或詩人
都不太有市場了,就連才進城的本分人

也都不再那麼純粹
很多人整日提著腦袋四處吆喝
出賣誠信、出賣靈魂
而被管轄的"魚"卻還在網絡端
繼續苟延殘喘
你可能也沒少聽見一些人抱怨
怎麼連半個重情重義的人
也都再難找到，這其實是
好我壞我爭權奪利的結果
作為歷史的教訓，其實
已經足夠深刻

整體形勢已然在轉好
而我們也在極力倡導並踐行
超越世俗、整合靈性的詩意生活
並不斷透過清理陳舊的意識驅動
以整合能量。終有一天
這個世界也必將迎來
聖賢文化的全面復興
宗教也不再落滿利益的灰塵
因為每個人都渴望一塊心靈的淨土
也都渴望與自己的內在和解
更重要的是也都渴望
能夠悟道、證道和得道
而真正自在解脫

一個人若果真能從

"世俗"層超越而活進"靈性"層
即使其"靈"無限縮小而進入到
一朵花中而同化其品質
那麼其在微觀世界中的顯化
也是無限宏偉的一個宇宙
即所謂一花一世界
而你活在其中的切身感受
也是無比真切
一個人若能於日常中，猶如
看電影一樣看待自己的夢
便對自己的心靈品質
有最直觀的瞭解，進而明白
自己每一個當下
在心性上的具體努力方向
以及在其能量修煉上的
淨化和升級指標

心之舞
——美富篇

在沉潛的黑暗中，意識變得
尤其活潑，就如同某地爆發戰火
可憐的難民瘋狂涌進邊境與鄰國
無數遊魂在風中燃燒著迷失的焦灼
潮濕的空氣裏有光子一樣的靈光閃爍
痛苦在關愛中消弭無踪
你向心靈播種甚麼就會經驗到甚麼
就如同蓮花穿梭在污泥中滋長
一切在愛的滲透中皆有生機盪漾
聲聲愛的祝福與祈禱令蓮心舒暢
愛即出路，幸福就在其中醞釀
散發不離不棄的慈悲之光
打破阻隔的藩籬墻

心的悸動就像湖面的光影閃耀
在無限的擴散中體驗無窮美妙
意識的牢籠打開、釋放、革數鏟澆
熱情而主動、跟隨著能量的意圖舞蹈
作繭自縛也只是人的觀念困擾
一輩子的幸福無非就是快樂地活在當下

把糾結扔進風裏，就讓它隨風而去
我們要始終抱持希望、愛與歡笑
更要帶著滿滿的心靈寄託抒發美好
敬事不暇且從不自尋煩惱
因為生活的品味需要心情加注趣妙
且在任何時候都應潛心貫注
用心耕耘我們的心靈樂土

心靈是一種時刻處在"空態"中的容器
祂能接收與傳達來自高我的信息
以及高層智慧的啟迪與示導
我們要選擇永遠安住當下、放空諦聽
如實而不加曲解地一片刻接著一片刻
傳達天籟之音、領會其指引
盡管每個人的資質以及因緣各有差異
但我們本具自性、煩惱亦菩提
所以我們仍可選擇按自己的方式
去愛、去擁抱……去平靜協調與另一面
共舞而融匯貫通
始終用愛和智慧去播種，便可
實現健康、美麗和富足的人生藍圖

這就是圍繞你"愛的主題"去創造
這也是超越一切危險的秘密
你只要能更完全地去擁抱生活
且帶著警覺而更全然地去擁抱愛
你便能在你自己裏面找到

那連死亡
也無法碰觸到的部分
那是你唯一的庇護和唯一的保障
也是你唯一安全的豐盛富饒之所
那即是你本具的本源極樂地
且應對那些活躍在表象的因緣在意
因為因地捱著果地，頭頂接著天際
你要融通內外，就要
對內在的聲音留意

那麼
如何將心靈的語言轉譯？心之舞
其實已將"會意"的功能預設在裏
你若懂得解讀心相也就能讀懂自己
亦能捕獲到那些提前在你心識中預演的秘密
從而再目睹現象界的一切時就會更加好奇
這現象界的背後又到底隱藏著
怎樣的運作而推動一切有序發生？
包括整個乾坤的大事件，也都同時
活躍在不同的維度，因心靈的特性
會自動把內在的意圖裸露出來
就像是許多解剖的標本
展現出光的夾層與多重結構
當一片一片心靈的空間剖面流淌進血液
就即使是在夜晚的迷夢中
也都有一個圍繞你的"存在"而
展開的生命主題

而讀懂一個人心性內涵的方法
其實透過其人四面襯裏的活動空間
以及他無意識使用的微信圖標
抑或是隨意上傳的朋友圈照片
便可以有一個大概的瞭解
那些奇特或是誘人的元素,很多時候
也都是其心靈投射出來的蛛絲馬跡
平日裏它們或許已被忘記
而你卻可把其視作心性走光的信息
那是一個人更為真實的自己,也保留著
一個人一直夢寐以求的目的
其背後也都有一個主題
為幫助瞭解更深層次的自己
以書寫或表達生命更高的存在意義
你也應該懂得這些奧秘

心之舞
——孵化篇

荒原之神在無名的荒野
發現了一本天書,書中記載著
一門源自亙古久遠的武功秘籍
若是有緣見識此書而修成書中
所記載的無上秘法,此人
便可獨霸天下、無所匹敵
據說就連戰神也想獲得此書
卻也同樣無緣一見
那是堪比演化天地的"武功"
深入參悟你還會發現遠不止如此
那天書其實還是一本
心想事成的夢想孵化寶術
能與天地合其意
所行無不令人滿意

但凡是人無不渴望掌握其
個中之奧秘
有些事物似乎永遠無法徹底破譯
並非是其想法太過宏大或是過於美麗
而是那些想法無法插上現實的羽翼

生命底層有一部以"世界"為單位的戲
個人的小夢也要與大夢相及
如同夢想的編輯
得先有一個與整體合一的標題
不然那就只是試圖參與，試探一下
便會自動落回事實的土地
夢主能否承載得起——
所有眾生共同的期許
於是苦難和挑戰的戲
便成了約定俗成的標的
在殘破的實現過程中以牢記
命運共同體

接下來是繼續前行的勇氣和動力
但是慵懶卻常在其中偷襲
所以要勇敢一點、再勇敢一點
參悟如何撥動更高維次的心絃
去見證那看似不可能的體驗
宇宙之愛就在每個人身上顯現
那愛無所不在而且就在眼前
你要放大視角去冒險，以此感悟
孵化理想的神話原型
以加固你不可動搖的確信
只要不放棄，一切皆可能
身披彩霞踏上專屬你的前程
書寫王者歸來的生命過程

擁抱那溢滿榮光的完整性
讓光時刻照耀懸浮在頭頂
不斷完善你的心性、不斷精進
感悟大道，在喜悅的光愛中前行
去迎接一次比一次美妙的境界突破
就如同從山巔跨越湖泊
用深情的愛將美好傳播
敞開胸懷接納一切並熱情地生活
且隨時觀照提醒、勿遠離初心
回顧、總結所經歷的考題
而後完成領悟、隨時消歸自性
完善你重返本源心地的修行
放下我執、戰勝狂情
除舊布新

為了不枉來一趟人間
我們要懂得珍惜眼前的因緣
不要問為何抑或愛是甚麼
只要問問你最深層的內在
自然知道甚麼東西最珍貴
但凡是帶不走的東西，多佔一點都是浪費
你的靈魂也應該知道甚麼才算真吃虧
所行所做也應問心無愧
你是在多次元的時空中旅行
就如同進入多次元夢境
當我們不再在那些無關緊要的
事情上計較，也就能收回更多能量

以迎接新生命境界的誕生
要與對手更要與自己和解
不要再爭強好勝、損耗德品
相反要舉杯慶祝
笑臉相迎

我們要好好發揮自由意志
即使有人要動你的奶酪，背後
其實也有交換的價值，為了
面子或自我的虛榮而佔便宜，其實不值
為了利益而計較、嫉妒，其實很無知
生命的富足體現在N多層面
不要被一邊倒的所謂成功所欺騙
更要覺悟生命真正的化現
不要讓心被世俗填得太滿
在我們的志情中要懂得適當留白
為靈魂的自由出入預留通道
尤其要感恩魔難，在你迷失自我時
逼迫著你不得不回頭
這是何等慈悲，你可知詳
所以要愛、不悲傷
要在觀照中感悟心境如何變樣
如何片刻接著片刻……不迷茫
尤其要在因緣和合間
讓
靈光碰觸靈光

心之舞
——成長篇

作為一個古老的靈魂
你是否還記得,你所遊戲的"人間"
其實是由三層外套構成的
而其存在的層面和你所熟悉的層面
根本就不是同一個層面
首先是所謂的"心",這是真正
不為人知的領域,地球人也只是
透過其文化知道有一個叫"心"的概念
且其"心"活動的主題與每一個人的現實
也都有著緊密聯繫和對應關係
但人類詞典對"心"的注釋卻是模糊不清的
諸如,有指心即心臟者
這雖很具體,但卻不是
我們一般所言的心

有指"心"乃思維器官即大腦者
也有指"心"即思維、思緒者
另有由思維器官而引申出的
心思、思想、意念、感情、性情等等……
另外,還有思慮和謀劃等引申意

而"心"對在"人間"旅行的靈魂而言
卻是最難悟解的第一層謎題
在一個人的生命結束時,其能回憶起的
那些人生的主要情節所講的內容
其實就是其"心"於此生所表達的命運主題
就一個人的"心"本身與其一生所關聯的
具體事物的緣起而言,或許會顯得
非常普通而貧微,可是當
將其放到"人間"這視角去看時
卻又徹底不同了

如果我們把"人間"當成一個菩提果
將其握在掌中來仔細觀摩和品味
那麼你將震撼於其內裏之"心結構"
那是何等的豐富多彩?更會令觀者
感到不可思議之妙不可言
裏面縱橫交錯上演的心靈故事
不僅涉及不同國家、不同人種
和不同地域風俗、文化之複雜與差異
而且其演員數量多達八十億人
而其也都是被授予了獨立自由意志者
如此多的參與者、如此浩大的
一部"人間"戲
卻都是在"心"的統籌之下
有序且永不停歇地沿著人類歷史的
"進化"而不斷向前推進的
所以為何有神秘者說:人欲讀懂"人間"

必須仰賴高人指點，尤其涉及到
其個人命運中的高維意圖部分
更需要極高的悟性才能參悟透徹
其間自然少不了高級靈的
不時點化與指引

尤其將"人間"放在掌中觀摩時
你定會發現其錯綜複雜之豐富背後
卻始終有一條璀璨明亮的主題線
貫通了包括十法界在內的
無邊無際的維度、和無計無量的
單一空間中的另一主分線，而且
高到四聖界、低到六凡界
也都有一個與"人間"的關聯
就即使是極高極高難以言喻的存在
也都有試圖透過"人間"而
呈現其存在意圖之信息
那麼透過這樣的"信息"，我們便可
在"人間"像"種心"一樣的
將自己的未來播種進"高維"
尤其當你遇到靈性上的議題時
也都可以獲得相應指引

所有這些超越語言的存在
其實也都是透過
構成這人間"心"而顯化的
這是靈魂來人間旅行時

最先套上的第一層外套，其次
是第二層叫做"認知"的外套
再其次才是我們所熟悉的
第三層外套叫：肉體
一般人所恐懼或是所害怕的死亡
其實就只是脫掉了這第三層外套
另兩層外套則是靈魂很難脫掉的
但凡脫不掉的也都只能在
六道之中永續輪回
但是作為獲得真正明師指引的修煉人而言
因其懂得如何"修心"而自在超脫
或向內在"自性"發出請求而獲得
專門為其量身定制的
非常具體的修煉指引，而且
具體操作辦法也很簡單

是的
當你懂得如何溝通內在
其"心"必發出耀眼的強光
就猶如與聖靈相觸的那一瞬間
你或許會因凝神而窒息
就像佛魂牽夢縈了幾個世紀的那種熟悉
又或如兩個靈魂穿越時光之曲折
彼此終於遇見……從此
你之生命狀態就不知不覺地發生巨變
你和內在的聖靈之間，也一定
會達成某種默契而換用高維的"心"

解決一切"人間"難題
這心與心的邂逅，就如同以雨後
彩虹搭建而成的鵲橋
絢爛而神妙。從此
你雖身在"人間"，所受用的卻非
人間"心"

心之舞
——聚力篇

我一直在獵殺一隻五毒獸
在經歷了無數次你死我活的廝殺之後
五毒獸終於臣服於我
但我並沒有接受它的膜拜
而是決心將其徹底誅殺
所以最後的情景是：當我手持軒轅劍
對準它的腦門一劍劈下
它便分解自己、消散於無形
其結果就更麻煩了，因它跑到人間
躲進了每一個人的心裏
於是我也隨之來到人間，因而意外品嚐了
這世間的諸多意趣
因這裏充斥著各種正負能量的交織
與活動的結構程式，以及五毒獸
所化的貪嗔痴慢疑等低頻信息
於是這裏便又成了
修行歷練的最佳舞台

故要隨時保持平和的"通靈"態
這是能通一切碎片空間的

"玄"，它比純然的愛和慈悲
都還高一個能量級
因此能打破礦物、植物、乃至
動物界、人界和天界等等
一切空間的壁壘。正是這不可分的
一體超然於一切的"介質"
成了最神秘的"幽徑"
能通不同的特質和性格模式
且不管涉及多少複雜因素，乃至
"你"與其作為反襯的那些角色
甚至是怪異身份的扮演者
不管其行為模式有多奇特或是差異
也都無礙於該"玄"體

而當"惡緣"現前
我則主張配合啟用耳根"觀相"以
快速接入"天籟"之音，這是僅次於
合一之"高我"的能量頻率
能有效助力通過生命旅途中的
一切魔考以及一切惡意能量的干擾
既能融通諸惡，又能在一切
情節線中"處冗沓而
觸念皆通，遇仇怨而回嗔作喜
遇困局而智慧頓開"
當需要做事時，我則主張
聚焦於"專注"的意境
至於社團之間的互動

則應留意愛心故事的挖掘
以及以抒發愛為主題的聯歡
不管是舞蹈、歌唱、話劇表演
或是其他藝術表現形式
皆能在五根上品嚐到愛的滋味
還要在一切處呼吸到愛的氣息
且能在一切的團隊行動中
詮釋愛的真諦

而當集體成員的信心不足時
首先要激發其"勇氣"，繼而持續以
"喜悅"能量予以守護和加持
面對誘惑，至少得啟用
"淡定"級能量予以應對
而當集體能量過於保守
則應啟用"主動"能量予以激勵
若是成員之間意見分歧
則應以"寬容"將其融合
而任何事物也都不可違的
則是"明智"的篤定
且懂得善用心之舞隨時向內在做功
以優化"三大中心"之能量融通
降服思緒野馬以為坐騎
遨遊大好河山、欣賞
風景的美麗

主動造心以及心境改造

關鍵要能在一切動靜中保持觀照
因煩憂只會在我執中滋長
故應對一切起心動念、皆不作
是非與好壞評判。作為一個
用腦工作、用心生活的智者
則是以生活為道場
以內心的覺受為指引
如是之人能從已發生、或正發生
之一切中看到生命的道
並能夠在每一"心考"事件中
會意"高我"的真正意圖

當然
在現實中亦難免會遭遇
迷失能量的糾纏或狂痴能量的使絆
既不能重返過去又不知生命何所安
這樣的體驗之所以發生
正是內在不被接納的部分
向外投射而對應地顯化
所以這裏要強調感恩的力量
作為轉識成智功夫的落實部分
我們要使其與世界合一
因一切與整體皆共生關係
故不能貪圖短利而欠收長利
以及破壞生命整體
循環榮生的秩序

心之舞
——開掘篇

一長著兩牛角的精致面孔
再加一張懸浮在空的櫻桃小嘴
其腰身部分則是若隱若現的虛玄
再往下則是六條修長而性感的美腿
六條腿竟然無比整齊地沿著盲道前行
而我最先是走在後面的兩條腿
接著是走在中間的腿竟意外變成了我
不一會兒我又成了走在最前面的腿
這時一輛寫著"機會收集"的大貨車
吐著煙塵橫衝直撞疾馳而來
一時一股"敏捷"的意識流
便指揮著六條腿如同閃電一般
騰空而起
向路邊瞬移而去

與此同步，那意識流
又一邊指揮著"空氣"從路邊地面快速砌起
一道鑽石堡坎，同樣只是一閃
此時，正騰空瞬移的六條美腿
就剛好不偏不倚地降落在（這道

剛砌起來的比鋼鐵還堅硬的）
鑽石堡坎上。而與之同步發生的
則是那輛橫衝直撞駛來的
大貨車廂的尾部緊貼著鑽石堡坎
擦著火花疾駛而去
與之同步發生的第三奇效則是
從那火花之中又炸開來
一個微空間而同步顯化出若乾
飛翔的夢主題

無疑
這"開掘"的畫面異常獨特
不僅充滿了創意和出其不意的"同步"
我還是以"腿"的形式參與在其中
且不僅以腿的思維和視角
同步注視著周圍的空間
且還同時靜靜地觀照著漂浮在美腿上方的
那張精致的臉和櫻桃小嘴所對應的腦袋
會不會有甚麼啟迪之類的電流
不時傳入這六條修長的美腿之中
而我此時的觀照力
可謂是從未有過的警覺,就猶如
一張緊繃的拉滿了弦的弓
又一時,緊靠我身後站立的
那四條性感的腿,竟突然
自問自語說:所謂夢想又如何
影響著我們的現實生活

與此同時，我立即就捕捉到
這周圍空氣波動頻率的變化
就如在夜空中發出明亮光芒的子星
被我意識的眼神牢牢鎖住
只要那些光子發出哪怕是最為細微的
想要與誰去疊加的動靜
便會因著新的反射和刺激而導致
無量細胞的顫動，就像一隻慵懶的貓
突然變得高度緊張，機警而迅疾地
緊緊咬住那些想要從其喉嚨裏
溜走的無厘頭的想法：為何那麼多人
都喜歡這疊加的玄幻

這時，站在最後面的兩條腿
竟故意不小心暴露了自己的真實身份——
一個聲名顯赫的幫會組織的頭目
與此同時，潛伏四周的幫會弟兄
一組又一組紛紛現出真身
這時我才豁然大悟
先前所經歷的那些個"同步"奇跡
原是這些潛伏遁形的幫會成員
在暗中所為。這也正是：
為何透過心之舞
能夠解決自身現實難題的原因
就如同對一張白紙描繪藍圖
一切可能的風景或畫面、也都可以
呈現在這一張白紙上

所以透過心之舞開闢新生的
奧秘便是：舒展開來，就像變魔術一樣
盡管大膽地在你心靈的土地上
播種你繽紛的色彩和奇特的想法
就如同是一場巧妙布局的狩獵
一個預示無限可能性的創意
便會在那噴濺著善與惡的漩流之中
又抑或在一團充滿迷思和好奇的混沌裏
以難以分辨"我是誰或誰是我
又或誰是誰的創造物"而無限地
生發、流動、選擇，接著在穩固之後
又再度消融……但不管怎樣
我們都不應該自我設限
乃是要充分地放下自我
而後在第十維度上，以極為美好的
豐盛與富足之圓滿態
再生和綻放

心之舞
——親密篇

那是一座深潛在海底的荒島
我們通常會用兩種不同的方式靠近它
明面上,我們就這樣面對面坐著
盡量保持面部表情的文明與鎮定
但是我們內在隱藏的一部分
卻已向海中的荒島飛去
接下來會發生的便是一些關聯因緣
牽動幼小時(成長中)未消化的情緒
隨著荒島中的"記憶"蘇醒
便在舊痛或恐懼的作用力下
化成了涌向岸邊的海潮——
那正尋找各種理由或借口
突破"理智"防線,而在語言的解剖刀下
化成彼此撕咬的怪物
接下來便可見散落一地的牙齒
抑或是被扯掉的頭髮,這便是
在親密關係中
最常見的權力鬥爭場面

就如同一隻房子那麼大的螃蟹

用鉗子緊緊夾住你的手——讓你證明你的愛
這是源自孩提時代——正是
需求未被滿足的訴求
一者乃是因歸屬感的缺失
二者則是為了向對方確認自己的重要性
此兩者皆源自愛與被愛的需要
而所有尋找各種借口且貌似有理的討論
無非就是這兩大需求所投射的魔影
若是頭腦抓不住癥結所在,便會在
過去記憶和情緒能量的催化下
以越來越猛烈的姿態排山倒海而來
且再加上所有捕風捉影的
懷疑和證據擁擠在一起
便造成了"愛與理解"的通道阻塞
從而將彼此導入
越遠離真相的航線

所有在現實中的親密關係
所要擔負的功能,絕不僅是彼此陪伴
更重要的是彼此的照見和療愈
一般所謂愛的背後,其實
都有想從對方獲得"填補"的渴望
或需求,且所有的浪漫邂逅和互動
也都充滿了"我要"的踪影
且理想愛人標準的由來,多是源自
孩提時代的經歷——因無法
改變外界環境,於是便在其

痛苦記憶的荒島之上
覆加創造出一個夢想世界,於是
這個虛幻世界中的"我"便成了
最特別的人,自然得配一個
完美情人來滿足其心靈上的
所有慾望

這即是男人心中的阿尼瑪
和女人心中的阿尼姆斯、這男性和女性
心中最為理想的意象,就如同
朝聖的信徒一步一拜走過大地
整個世界布滿了虔誠
只是那座深潛海底的荒島
卻依然積壓著
過去歷史所留下的傷痛記憶
當其向外投射而與現實世界衝突
所謂理想的親密關係,也就只是
一廂情願的幻夢,根本就沒有
完全符合自己標準的情人
於是就有了所謂的愛侶改造計劃
其結果——終將失望
因為你真正的需要
沒人能給

所以健康的親密關係,不是
因愛而獲得,乃是因愛而接受
啟迪源自積壓的情緒試圖離開荒島

突破自我設置在邊境的關卡
它們在現象界喬裝打扮,與符合邏輯的
文明字句擠成一堆,甚至學會了
用眼淚作為手段,附帶配送能令人
生發愧疚的啼哭
它們不安地遮前掩後,膽怯又焦躁地
在原地挪動腳步——
這些極力迴避自己真實的感受
而強調"我是你非"的習氣
總是能巧妙地將自身的心靈實相掩蓋
不管是渴望無條件被愛
抑或是要求別人賠償自己付出的愛
抉擇的力量,依然是選擇愛

且情緒就是情緒
不需要為它穿戴或是塗脂抹粉
任何試圖迴避的感受,一旦附加上
冠冕堂皇的理由,那便是難以脫去的
裝扮和冑甲,就如同將人際關係
變成了化裝舞會。我們只有
在親密關係中放棄偽裝
心靈的空間才會得以釋放
繼而擺脫掩蓋真實需要的虛假需求的束縛
從而被純純的、無私的、無期待的
和不求回報的愛所填滿

心之舞
——美滿篇

這愛之宮殿是如此浩瀚無垠
簡直宏偉到令人窒息的程度
那時候，我瞭解到自己根本就無法
容納得下這愛的雄壯、豐盛、以及
難以窮極之無邊無際……就如同
你閱讀一本永無盡頭、或是
永遠沒有結尾的書
那深深的挫敗感，甚至有逼迫著我
冒出想要徹底毀壞該"書"的衝動
即以此——
為該書畫上最終的結局
於是，我便開始大行毀滅之事
並以此造作為污蔑所謂"愛宮殿"之
名不符實的證據
但是我的所謂毀滅之舉，不但沒有
最終證明"愛的不在"
相反卻越來越以難以駁倒的事實
有力而清晰地證明了——
愛的無所不在

因為生命本身即是愛之產物
所以只要"我"還活著，就會和所有的
生命物一樣、以其自身的存在
作為愛無所不在的有力證明
即使我死了，其餘一切之存在
依然在持續不斷地證明——
愛無所不在！更何況根本就
沒有死亡這回事，因為生命
永恒！即使是在六道之中不斷
輪回的生命，也只是生命存在形式的變化
而且，所謂輪回中的"苦"
也只是虛假自我因固守我執而
冤枉所受之苦，而這"苦"之背後
卻是更大的愛和慈悲
那是為"喚醒"

於是，宇宙中便出現了一所
最為特殊的學校，其學校名稱
就叫"娑婆世界"，而該學校
所開設的"專業"課也就三個係
即對應本能中心的生命係
對應情感中心的家庭係、和對應
理智中心的社會係
今天的主題則是主講
家庭三大升級版塊之修學原則
第一版塊即業力課
業力是家庭成員聚集在一起的紐帶

且業分善惡,故家庭成員之間
在一起時會出現互相討厭,互相折磨
甚至於尋死覓活的相關考題
而分開的時候,則又會出現互相思念
互相牽挂,甚至
如痴如狂的情感糾纏課題

業力就如同陪訓教練,其主要功能是
協助破除我執、或協助打磨
人格自我的棱角——那是自我無法
被理解和無法找到歸屬感的一部分
是無明、奇特和擾人的任性
是非客觀和盲目的頑固
是長在頭腦認知上的某種偏執
是一個沒有自信的人迴避真相
或轉移自卑的小策略,故不能
顯露自己生命的活力和生命的大美
且因頑固守護其我知我見
故不能與自己內在源源不竭的
靈性能量連接、而像水面的浮萍一樣
沒有根。一旦碰觸到真理
問題就會變得很尖銳而成長為
可觸摸的堅硬個性

在無明幻界,這些陪訓教練
皆有其狂炸的形狀,既難以捉摸
又令人驚異。迷中的自我

自然很難看清這些潛伏的目的
猶如抑鬱或張狂的黑雲
它們行動往往十分詭異，且總能
找到機會向你聲明它們的存在
進而形成各種難以預知的可能的結局
目的就是促進你成長，所以
當你逃避長大，而希望找一個
能對你負責任或能作為你依靠的人
那麼，當你以為找到了
認為這將是家庭幸福的開始
而結果卻恰恰相反，你知道這究竟是
為甚麼？其原因就是因為你
不接受自己

我突然明白，為何這些陪訓教練
總會讓人陷入非理性的焦慮或是恐慌
且總是會驚懼地偷襲你的身體
讓你莫名傷痛或是陷入某種疾病中
讓你無法把自己從那些
惡業的糾纏中抽離出來
原來是要以這樣的方式逼迫你反省
以徹底療愈過去未釋懷的傷痛
所以這第二版塊即療愈課
因為每個人都有盲點，都有執著
且自己很難看到自己的問題，所以
得找人來幫你、提醒你
否則你將難以突破、實現生命

真正的蛻變和成長。而人類婚姻
正是為達成這個目的而設置

接下來的第三版塊即是覺悟生命
而家庭的美滿即是促進生命的覺醒
所以若能透過家庭經營，以不斷照亮
自己內心的盲點、卡點，其心必然會
越來越柔軟、慈悲，越來越智慧
越來越順乎天性——與天性相應
自然不會矯揉造作，更不會有控制欲
因為與天性相應即是與佛相應
這樣的人，自不會沉迷在
頭腦犄角間自討苦吃、或是陷入
"我是你非"中被知見所奴役
自我的糾結或迷茫，倣佛是想要在
對錯的枝丫間找到出口，其實
這些"正確"與醒覺之間的距離
可以說是十分遙遠——這也是自我
為何永遠背負著十字架
而不得解脫的緣由

心之舞
——親子篇

整個過程就猶如在迷宮中摸索著穿行
不經意間你就中了獎、抑或是觸了雷
有時一不小心，你可能還會收穫
無可奈何一籮筐。那無法連通的
心電碼，在凸起的問題點上化身為
一種尖銳——那難以迴避的內心
面對未來的焦慮，以及
現實與認知不一致所導致的迷茫
其實也都是緣於頭腦裏
擁擠著的各種模糊不清的自以為是
幻聽的耳洞不時接收到被各種認知
所加注的吶喊聲——要麼是借一堵
冰冷的墻將心靈的感受抽離，要麼
就是借此機會覺悟、超越！因曾經的痛苦
尋求釋懷的不可貽誤，那隔著傷痛的本源
不時發來昭啟：生命的體驗
成長的樂趣，離不開人與人之間
關係上的互動，家的本質
更需要透過生兒育女來表達愛

只是理解的偏廢
如同看不見的混泥土試圖覆蓋
洶湧的慾望,而本我的"私性"卻總能越過
理智的藩籬、封閉的胸窗、瀰漫性
存在的集體意識、以及一層又一層
如鐵鉗緊咬的管制而叛變
自我的佔有欲,則又導致
關係互動的變異,那不可辨認的
中正意圖、不願面對的感受和陰影
以及靈性的蒙羞與顛倒的無明,則又會
造成屈辱的、被各種因緣捆綁的
惡循環。幸好慈悲的喚醒始終未停歇
只是我們忽略了每一小孩都是
獨一無二、不可取代的個體
怎麼能將自己孩子的短處去和
別人家孩子的長處做比較
而抹殺其信心呢?

一旦自信和陽光的心情被奪走
必然導致自我價值的確認變成不可能
如同乾裂的土地渴望獲得雨露滋養
缺乏信心的幼童往往會因此而選擇
討好的模式,以博取家中權威者的認可
從而在不知所踪的自我探索裏
被迫變得很虛偽,或不得不接受
野蠻的價值捆綁,從而
一輩子囚禁於自我設限的監獄

除非你同意將戒尺打制成塑造生命的法器
否則,你一定無法從那濃烈的混沌中
或是從那無意識的生命激情之中
挖掘出孩子心靈的秩序——這也是
在七歲之前必須要完成的規矩教育
因為良好的生活美學和習慣養成
遠比學習知識重要
所以即使舊的習性難以矯正
也要用智慧做適當抗爭,且
自我的自主性應被鼓勵

但是,真正重要的絕不是自我
要多強大,或是小孩能提前學會多少
課本知識,而是要有一個能熏染
自身情操的興趣養成,尤其要學會
體察能量在身體中所呈現的感受
這是指如何學會與心靈對話,不然
必會經歷不好的人生遭遇,若因
憎恨局面的失控或為爭奪一席之地而與人
對抗,或是因擔憂自己的地位不夠穩固
而寢食難安或莫名奇妙地恐懼
這就是為何人會那麼深愛和迷戀
自己說了算的那種感覺,進而
固執地將實相掩藏於各種錯失當下的
認知的洞穴裏

更有甚者為了捍衛其脆弱的自尊

而使出各種手段、陰謀、花招
且將之視作理所當然
總被忽略的靈魂甚至被人當成不存在
所以靈性的復蘇與覺悟才成為
生命修煉的目標，故而才倡導一種
充滿覺知的生活藝術
因為靈性即是完全覺知地經驗與
無私地分享，所到之處
皆是幸福的洋溢，這才是
每個人真正想要過的人生
這是強調靈性做主而非本我或自我做主
所以理想的親子教育應該是
陪著孩子往前行，而非指手畫腳去做引領
因為靈性成長的樂趣就在於發現自己
所以智慧的教育應是啟發孩子
去發現自己的路，而非扮演上帝
去為孩子安排今後應該走甚麼路

所以父母的角色就只是陪伴和啟迪
實為助力孩子養成自主的意識
父母也可以說是愛的形象代言人
是在人間詮釋真愛的奉行天使
是傾向於將靈性引入日常生活的行者
是豐盛的萬物特質（愛之味）大道的化身
為了化顯真理的不同面向，家庭亦承擔了
靈魂家園抑或心靈港灣的意象，就像
黑夜脫下黑的外套而露出本源真心

使所有匱乏的造作與體驗重獲
自足——那愛的真諦、那支撐一切
幻化的骨頭，以及感受與意象的互譯
無非是要頭腦明白：學習本是
一種娛樂或是一種娛樂的模式
故最要緊的不是能考多少分，乃是要
挖掘出自學與自我探索的樂趣

心之舞
——源生篇

每次打開衣櫃門,所有的衣服
似乎都在抱怨說沒有喘氣的空間、實在
太擁擠啊!是的,一間臥室也就
一個雙門衣櫃、這麼小的空間
怎麼夠用呢?應該將整個三室一廳
全部改裝成衣櫃、才勉強能安置得下
如此之多的衣服嘛。問題是這些衣服
是怎麼出現的呢?反正不是我採購的
也都是別人好心送來、而我又
不得不收留下的,所以衣服們才會這般
擁擠在衣櫃裏,且已將近三年時間
我們都未曾見面,所以這些衣服或許
也都有各自想要表達的意見
很自然的、這麼多的衣服聚在一起
將會醞釀出怎樣的情緒、又會
顯化出怎樣的風景呢?且我知道

凡事應往心態和解決方法上引領
並要始終堅定不移地朝向愛的方向走
因為實踐早已證明:只有愛和尊重

才能帶給生命以真正的美好和幸福
只有愛能化解怨念、且解放自己和他人
這不,一張嘴又帶著一雙眼睛去到了
另一套位於四樓的三室一廳住所
門一打開,那些各種各樣打扮
時髦和身姿妖艷的保健品就裹著
白色或黑色的塑料袋迎風招展而來
就猶如剛被敲門聲吵醒而赤裸著
身體、披著床單前來開門的艷婦
伴隨著滿滿一屋的"物欲"從旮旯深處
襲入眼簾——隨即我便聽見身邊傳來
帶我進門的那張嘴的抱怨:
真是無語啊,每間屋都堆滿了
簡直沒法住人!我點頭應和道:是啊
我才回來兩天,又不得不再向衣櫃裏
塞進去一件新買的長款羽絨服
那同樣是無論怎麼拒絕也都無效、亦是
充滿著愛的一片片赤誠心,所以
這一櫃子衣服或同樣也滿懷期待
等著被光臨、被關注,甚至
被認真翻閱和解讀

據說有關家庭的複雜矛盾,可以通過
原生家庭系統排列獲得一些解決方案
而家庭內部那些持續不斷生發的問題
其實也都是源於愛表達之"供需失衡"
就猶如這些攜帶著愛而來的衣服們

因其擁擠於一條狹窄的表達途徑
是才叫苦連天——而我查閱這人間恨
其最源初或最原始的造因,其實也都是
與愛這個主題相關聯,所有
因愛生恨的故事情節,也是源於
愛的需要、與付出與期待的不一致
所以"恨的背後"其實是不被理解的愛
同樣,當打開別的櫥櫃時也有類似感受
看著這滿櫃滿櫃的人之所愛、包括
父母與子女之間愛的法則模糊
也都昭示著這人間需要一種能疏導
家庭混沌能量的道的秩序或規範

是的
如果有良好的家庭秩序組合
人與人、人與物之間的關係就會融洽
愛就可以順利地流動,家庭成員也就能
感受到家的溫馨和愛的力量
從而讓整個家庭往上提升,雖然如今的
家已不再是三世同堂的關係結構
但在家裏活動著的原生家庭的能量
依然連接著那無形的家之久遠,就猶如
我此刻在臥室裏用被子蓋著盤坐的雙腿
聽著對面人家窗戶裏傳來的笑聲,沿著
聲波感受那催發笑聲的情緒
進一步潛入更久遠形成的"意識機制"
和那些"笑點"所映射的認知、觀念與

緣生關係的微妙傳承，以及更多
更多的疊加信息。在我們的關係中
當歸屬感、給予和收取的平衡
以及良好關係的運行法則得以維持
愛便可以繁榮昌盛，所以

良好的家庭關係也就像萬物種子的基因
其發芽、生長、開花與結果也都是
遵循造化的法則在引導愛的能量流動
所以生命才充滿了美和優雅
故我們所居住的空間不能有能量死角
不能受周圍環境衝煞之氣的影響
尤其當孩子出於愛而承接了原生
家庭系統內的一些牽連與糾葛，從而
產生一些問題、或身不由己
或無法自我防衛或與之抗拒——就類似
一靈從空曠之無極涯起念，另一靈同步
現身於時空通道的那一邊，這靈識間的
疊加、糾纏和干預，超越時空維度
故原生家庭的問題甚至可以追溯到
久遠更久遠，就猶如衣櫃裏這些
擁擠不堪的衣服借用我的頭腦抱怨
而生發出最為莫名的一念、且
同步疊加上來的意識又被傳送到
衣櫃所對應的時空通道的另一邊
於是我看到和有關衣服的意象
似乎又在別的維度上演變成了

某種糾纏不清的關係

　　於是一個無厘頭的意識又再穿越
　　進入我頭腦意識的峽穀，追踪到那些
　　扮演迫害者、受害者、和拯救者角色的
　　能量、彼此心思混亂而且活躍
　　對應於臥室與廚房之間那愛的能量裏
　　依然夾雜著"我是你非"的自以為是
　　而坐在客廳裏的上下嘴唇又似乎變成了
　　飛鳥的翅膀維護那種左右平衡的微妙
　　如是再深入去看去想，自然會明白在
　　家庭關係中，如果一方為了
　　對方、過度犧牲自己的話
　　那無論是對自身又或是於對方也都
　　不是好事，且伴侶之間最難領會的
　　正是在客廳和臥室之間那種奇妙情景的
　　微妙切換。正如某些無厘頭的想法跟隨
　　而投射來到人世間，就如同
　　曾經的我、漠然間站在寒冷的街邊
　　目睹一道道白光從人間射向高天
　　同步腦袋裏流出想法、領會這人間——
　　無論人生境遇有多無常
　　也都是在教導：應接納
　　世界本來如是的樣子

心之舞
——超腦篇

迷霧森林倒退著離去，低下頭的魔王
充滿詫異地注視著，然後跪下
臣服於心——在自身之中
當所有心智各歸其位，一切自尋的
煩惱便自終結，從而過上一種
真正自主自在的人生。當所有
無名的存在盡皆化成
各種形態的你。啊，那時候
到底有多少世界融入與你同存的當下
又將有多少命格、心位和社遊角色
活動在各個世界之中，編織出
不同的人生夢想。其中自有無盡無量
陷入迷思的生命等待被你超度——
罪惡與痛苦的複述與承接，以及
被用於自我防衛的憤怒

可見
頭腦意識必須皈依本源心地，以
發揮其特質、功能。反之則類似於
走失的獵犬奔走於覺智之外的
萬象溝壑，又如誤入歧途的獨角獸

用堅硬如鐵的角對抗必須放下的執念
彼此間隔的疑猜，在失去信任的邊界
劃出禁忌，令無數焦慮的自我
在迷茫無助中互相戕害，那
自以為是的"對"如此矜泰，卻也
難懂那凝眸淺笑的半間半態——因被
封閉在知見中，所以不自在
另有一種豁然的懂，即使是
身陷迷霧重重之中。是的，若能與自身
存在的本體連通，自會瞭解
生命底層的運作，從而明白
心靈才是創造一切的源泉

若"眼耳鼻舌身意"成為你所放牧的羊
當深入到內裏那重重的峰巒
你或許會發現，在其中一隻羊的
肚子裏正臥著一頭猛虎
而在另一羊的胃裏卻正奔跑著一匹狼
在更深的深山後面，一群獅子
正好在另一隻羊的血管裏徜徉
它們慢慢渡過一條寬闊的河……
第四隻羊的眼珠卻變成了太陽將山河照亮
而第五隻羊卻喜歡吞食各種痛苦
至於第六隻羊、它或許不通俗事
卻對人性、人心感同身受
當六隻羊合成一體而消融掉所有分裂
那合一的羊便成了你最終的遮蔽
於是才恍然明白到底是誰在為

幾十萬億細胞傳授知識、規劃旅程
並使心與腦默契無間

終於返回到最初出發之地
你也終於畫出了一個完整的圓
這在意料之中,但仍然有諸多驚喜和意外
對應於你那神奇的存在,接近於
一隻青蛙頭上的角,它並不總是代表空
如同那個"先有蛋還是先有雞"的玄案
當你吃下那個"蛋",一個轉折便會到來
你就是順著逆時針的漩渦將"雞"拋出
亦無妨礙,因那不增不減的自性
始終會將你殘缺的部分補全
在那個高度上,你將憶起本然具足的你
爾後是見證百千萬億的你共同成就
那豐盛的你,圍繞一個生命中心
孕育無限愛意種子,生發無量
生命形態,演繹不同的生命故事
表達不同面向的生命內涵
如同一些指示歷史走向的預言
有時夢也同樣具備指引性
所以
夢也可以用於指引排查一個人的
信念體系。因為不同的信念結構
即預示不同的生命體驗和不同的
命運傾向。人生旅程的不同階段
理應種植不同的信念、以書寫或創造
不同階段的生命精彩。你把

自身內涵淋漓盡致地投射出來
正是為了全面見識、瞭解或品讀
不可複製的你——那無限可能、且
無限延伸的命運軌跡，就猶如
一個人不能兩次踏入同一條河流
當你沿著迷思之海的內沿攀爬
無一例外地你將經歷不同的你
就猶如一個不設防的念，被突然
冒出的另一個不設防的念
所傾慕而與之疊加，又如

一股莫名的情緒從潛意識出發
沿著身體的網絡系統前行，就如
土壤水份沿著一棵榕樹根部爬上枝乾
又類似一陣風吹著一抹疑惑的雲
在微空間中激盪翻卷，孤行的執念
是其背後的意識驅動，正好
你可以借此機會監察與其背後
相關聯的認知、信念。當你注視到
那些急切地想要擠進人間來的
渴望與期待，即會明白那些深潛的
迷思、那些瘀堵的能量和未了結的慾望
且在心靈滋衍的子宮，更有
夢想編織的懸念排著隊
等
　待
　　渡
　　　劫

心之舞
——智慧篇

我用裁紙刀修理指甲,並不是
沒有專用的指甲剪,而是懶得去拿
這正好應景我昨晚的夢,也是
因懶得去拿專用的鉚釘以固定其
封印身體兩肋的鉛板,而改用
剛出爐的螺釘替代。爾時
因分別的雲正於迷夢中酣睡,故
不只是鉛板、包括我的人間肋骨
也都不覺絲毫疼痛,正如我用裁紙刀
削指甲,指甲也一樣沒有感覺到痛
但是每一刀下去,皆有極清晰的感覺
沿著指甲細微的感知通道傳入大腦
亦如昨夜在夢中所融入的多次元的
創造性冒險意識,豁然一瞬便融通了
從宏觀視角之宇宙海與從微觀視角之
一粒沙世界,大到一個星系之運轉
小到對一隻小昆蟲的具體感受
無不歷歷在心、了了分明

於是,為了更深入理解和印證這

覺知分辨與意識分別之不同
我在修完拇指甲之時，便趁
"分別識"不注意，用手中的裁紙刀
朝著虎口位置戳了一下，並在其分別心
啟用前，再用力使鋒利的刀尖在肌肉裏
順時針扭動了大半圈。整個過程
皆有其覺智分辨出的細節，卻無
意識分別的疼痛感。故而領會得生命
本具的覺智分辨與後天形成的意識分別
包括某種儀式性的神情或姿態語言
以及在生物層面皆可理解的反映某種
心理的肌體動作，無不滲透著
"覺"在其中的神奇妙用。而對已經
擁擠得不能再擁擠的分別心而言，則早已
困縛在完美的沒有出口的邏輯監獄

而當我繼續修剪食指甲時
竟然連接到一種百無聊賴的對於未來的
擔憂，就猶如數十億人間肚子共同發出
咕嚕咕嚕的曼聲哀怨。當無意識點燃戰火
為那永不滿足的欲求代言，同時在長滿
控制欲的心田輸出各種冠冕堂皇的借口
這些天生無良的美好人生的破壞力，在
其隱晦處則是怕落於人後的面子心
貪婪心和與之相應的業——針對這些
遮蔽實情的妄念幻想，我們可以通過
重組記憶以使其在新的認知中化變

雖然人背離"道"而忘卻、且已持有
對天道視而不見的某種信念,但人
仍然是被恩寵的,只是暫時不能感知
本然具足的先天根本智而已

當裁紙刀開始修理中指甲
我領會到中道精神與造物藍圖的契合
可當那鋒利的刀刃落下,我卻恍惚看見
有一隻恐懼而驚詫的眼、正透過
指背皮膚的毛細孔向外探看
又似乎聽見時續時斷的哀傷嗚咽
就倣佛是面具下的一張嘴被誰給塞滿了
各種"人生意義"的信條,而在其
超越世俗的另一面以及從那"空"中
傾瀉而下的卻是靈魂給予我的
為何需要修煉"愛道智慧"的啟迪和指引
及人應如何透過反省而覺醒?其大意
竟是當一個人不再自作孽或瞎折騰時
那本然具足的先天智慧就會現前,反之
當人自以為是、或顛倒是非、或侵犯
他人時,就會被自業和他業
覆蓋而墮入無明

正好,我手中的裁紙刀開始修理無名指
突然想到本是無限可能的無名,卻成了
自我設限的無明。正如我們因無法感知
自身體內浩大的幾十萬億細胞工程

故而視一切偉大的存在為理所當然的平凡
這人的活法還真是既高貴又卑微啦
隨著高密度的刀刃分子中所含的刀氣劃過
密度較低的指甲分子時，一小片指甲屑
隨之與整體分離、飄落地面，隨即聽見
就像羽毛一樣的觸地之"聲"，頓時
腦袋裏出現一滴水融入大海時的
意象。我的意識也隨之溶入房間地板
之"分子海"，頓時便感覺一股巨大的
"海氣"隨即淹沒掉這片甲屑
曾為指甲的基因記憶，一時
感知到"心靈眼"如同滿月一樣瀰漫
整個房間地板的分子海而綻放清輝
於是，我才豁然明白：為何心靈
天生就懂的、頭腦卻不會

此時，裁紙刀已然落到小指指甲上面
隨著那刀氣不斷削落掉多餘的指甲
我亦同步照見一股神奇的法力
不斷將生物"本能之欲"收進火焰般的畫漏
而後將其傳輸到下一個"因緣地"，隨後
再將其拋入到一個正在聚成中的因緣海
這即所謂的行緣識、識緣名色
這也證實了為何說：身體乃忠實反映
內在因緣識海之心理實相。而人類
情感的天性則指引著人在人類生活中
體驗情感之豐富多彩與完整性，且因

主觀狀態本具多樣性，其自在妙用
也一言難盡，比如：你或一時感到悲傷
又或是感到沮喪，然，該情緒卻又為你
提供了一個明顯的節奏改變（就猶如
疫情之於人類進程步調的干預）而引你
自然過渡到一段安靜的省思時段
並同步使身體安靜下來休息、修復或調整
你若能信任你本具之天性，自然能信任
這種感受而隨順其步調、從而邁入
心靈為你指引的人生路徑
⋯⋯

心之舞
——融合篇

戀戀問我能否養龜龜、且問
給龜龜喂小魚算不算殺生？還說
等龜龜下了蛋就給她姥爺和小莊莊吃——
這尚未出世的龜蛋或許已承載了
某種祝福和寄託。為契入這城市腑髒裏
涌動著的昏庸與低頻振動的欲
我也將一大盆洗碗水倒進了陽台的
綠植盆栽以滋養那焦渴的心。而我
給戀戀的答案也變成了她的定心丸
解決了兩隻龜龜能夠持續領受的福利
就猶如廚房裏那一碗即將成為
糖餅的、正在發酵中的面團
其間隙裏已然孕育出了豐富的
意象和難以描述的美妙
研究其裏所幻化、與其象徵寓意
自可從中獲得一些啟迪

而在今日來訪的一堆啟迪中
於我印象最為深刻的無非是——發現
我倒在綠植盆裏的洗碗水實在太多了

以致於綠植盆裏的泥土也都渥了
豁然間讓我想起了自己的過往
那時我拎著一袋慾望和一大籮筐
美好嚮往,沉溺在前赴後繼的紛囂之中
就如同陷入一座城市脊背的內幕
當下的城身就倣佛是由千千萬萬人
組裝而成的一頭縮頭龜
其膝蓋以下部分經過疫情而躺平後
已然浸泡在無爭和任人揉捏的泥沼裏
而不甘心躺平的部分則整日發出
喋喋不休的呻吟,倣佛對這世界
有著無盡的不甘。而擾人心緒的
則大多是一些低級趣味的囈語
自然,也有一些很特別和
很有趣的孕育,以便將身體、情緒
與精神的狀態統合起來

這也就是擁抱詩意生活
附帶配送的福利。且與詩、與覺同行
不僅能從一切事務中領會得
那最為神奇和最為奧秘的存在,且
還能透過覺知而辨識、或觸及到
每個人心中最為本質存在的美
就如同在繁華的高樓大廈之間穿梭的
那層出不窮的異想、和在
所有物質肌理中交織的綿延不絕的
生殖力,以及種種因緣牽引

而書寫的那些生動感人的篇章
也都深深吸引著果、去體會和探索
那背後的因。尤其當某種覺悟
在心靈深處形成光、其所凝聚的
張力越來越大，便會不由自主地
發狱、而為意識騰出空間去體悟
如何在這紅塵中示顯自由意志
而超越因果宿命

但是，我發現還是有很多人
即使是在大白天也不願意從龜殼中
伸出頭來探看命運背後運作的真相
作為一座城市這樣大規模的龜
你尚能感知到其龐大的龜頭裏
所蘊藏的透過微信、快手、抖音等
投射出來的與你相應的迷思──
那無限的可能涵蓋了你所有的成份
就像一縷縷若有似無的絲線
纏縛著你的整個物身，讓其不斷
振動、生發、流動……
所有陷入在無明中的你的眾生
也都在等待你召來神靈，向他們灌頂
以將你喚醒，在你無止境的體內流動
而幻化無窮受用，且你也無法
不淨自罪之身而得享自是自足
這得以你最為圓潤、柔軟的特質
為藥引

除了這整座城市的軀身與頭顱
更為重要的是其存在的魂
所以才一再強調要以覺知聆聽你內在
智慧之神的聲音、以引領身心
在合一的狀態下去遊戲
這樣的遊戲豐富多彩且永不休止
繼續航行——因那浩瀚無垠的存在沒有邊界
所以我拒絕目的地的定義,而且
必要的時候我也認可暫時躺平
故這個主題的詩篇我借用了慢龜意象
因為節奏慢一點並沒甚麼不好
實際上對大多數人而言,這城市生活
給人的感覺,根本就不像是一隻
慢騰騰的龜,倒像是一匹狂奔的馬
很多人也就只是被利欲驅著奔跑
而無片刻寧靜深遠的省思
如何在陷入迷困的遊戲中找到
最為關鍵的突破與融合

欲將一匹狂奔的馬變成一隻
善於悠哉悠哉享受生活的龜
你不妨像龜一樣學習如何閉目養神
接納能量分裂的痛,而收回一臉無辜的怨責
當務之急不是論是論非,而是在龜背上
找到屬於自己的安身之地,認出
大地母親四季顯化的奧義
錯綜複雜的因緣交織成了一張網

你又將從哪些角度去探索、發現
與經營你人生的主題?那些把
自身與存在隔離的人終將痛苦
想象一條只有七秒記憶的魚,你或許
會明白如何消融那萬古久遠的痛
與不如意,而向內去探索融入
那神秘的在、而將分割的裂痕
轉讓給虛無

……

心之舞
——靈性篇

我差點就被困在一隻椿象的壯美中
走不出——那嗡鳴的配色
那跌宕起伏和盤根錯節的故事線
與那驚天動地的盾陣,猶如從多層
摺疊空間中擠出的數萬條盤曲的
紋身詞彙所構成的意象辭海
我還在手機視頻裏見過它的若蟲期
那時它的生命故事尚未展開
所以整個身軀還是綠色的長方形
那是尚未完成"盾"化的它,其腦袋
也是綠綠的純粹,以及它未及
積攢起來足夠多風雲的六條腿
也是翡翠一樣的透明,且它的
自我意識還不夠偏執,遠不足以
書寫出它"盾智"的文明,而只有
心靈感應的夢偶爾客串到人間

那六條配合默契、且性感的腿
支撐起它扁平的身形,在還帶著
清晨露珠的紅蘋果上、走出它堪比

世界名模還要霸道耀眼的步伐,而我
瞬間就被這分岔的故事線所吸引
它已不是我幼年時曾經見過的
"臭大姐"意象,就即使作為"椿象"
這樣的身份,也難以描述我今日
再見到它時的震撼。突然間我對
如何借由詩意生活的引領而活出
靈性的主題,又有了新的理解角度
就比如椿象以這樣一種
讓我們所有人都不太熟悉的
極端偏執的語言風格所表達的
它之靈性內涵,就若乾旱地貌中
一時噴射而出的清澈湧泉一樣
令人驚奇

是的,它是以極渺小的身軀來
表達它輝宏、細致的想法
這就是靈,祂既能在一粒沙中
創造出三千大千世界,且包括
無比真切地在其中經歷一切的
卓越、成就和名利,也能在那
宏偉的敘事結構中、擁抱苦難
委屈和失敗。我突然明白它的靈
何以會創造出如此渺小又浩瀚無窮
的語言風格來呈現它的內涵?也許
是因為它修煉的氣場太大,會令人
感到恐懼、抑或令人類無法存在

於是它的靈才如此克制地運用
這樣的表達言辭。因為若如是顯化
它對"盾智"極端偏執的熱愛
必會導致生態失衡，而令其他生物
無法存活或難以忍受。於是
透過它而來的一個啟迪便是：作為人
到底應如何對待自以為重要的
夢想和執著呢？也許

作為靈絕不會有這樣的疑問
因為靈能在一切空間中以無限可能的
形式顯化，包括於人間人生的各種滋味
祂也都能穿越。因為祂是人類
智慧的源頭，也是人類精神的港灣
作為宇宙萬物的本源或慈母
祂掌握了一切顯化的語言
所以從人類邏輯語言體系中越獄
自然也不在話下。就如椿象
以它比一隻猛虎長嘯的氣勢還要
威烈的濃度從它臭腺中發出警示
即使是作為人這樣的龐然大物
也會趕緊走開。你可想象若是
以人這樣的身軀同比增加它的氣場
那又將是怎樣的威勢？從中理解
那意象的多義性與多關性？又會是
怎樣不可思議的內涵表達

這就是為何說：與靈合，人就不
再孤獨。而能在生活中活出靈性的人
自然不會再經歷一般人認知局限
所導致的苦。故，擁抱靈的無限性
人才可能獲得真正的自由。而作為
一隻執著於修煉特殊臭腺的椿象
我能理解它骨子裏的驕傲
還有與它寬闊的肩膀相搭配的兩根
細長、華麗又威武的觸鞭，也都
精準無誤地表達了它的審美高度
還有它卷成圖騰的紋身與靈動的雙眼
以及那意象表現手法的綜合
變形與省略……無不恰當完美地
呈現出它之心流與對信仰的堅守
那鋼鐵一般的固執與風一樣的輕盈
幾乎達成了完美的和諧，這也就是
它為何能在叢林之中完成
低姿態的展翅飛翔

且叢林裏的每一個意象詞彙
也都是一樣精準的表達，而"靈"在其中
潛藏的秘密，已然昭示了祂的無所不在
所以我不得不在這詩篇中以文字作獅子吼
又不得不壓低身形，以一隻椿象的
語言向你翻譯、那在每片樹葉裏的
天堂、與在每一朵花裏的極樂
因靈的無所不在、而使天堂

也無所不在。可你卻看不見
那是因為你禁錮了你的意識
而活在知見中，所以生命本來的
慶祝與歡笑，才變成了人世間的
滄桑、痛苦。因而使真理之愛
從亙古不變的生命盛宴中
退席，而來在這人間探索
如何在當下即見證
涅槃

——心 的 寄 語

親愛的讀者：

　　當您越過本書的文字海洋來到了這裏，或許已然瞥見——生命深處的那一縷光芒。這光芒，如微風拂面、細語呢喃，輕輕觸摸心靈的每一寸柔軟。它是心靈最深處的共鳴和顫動，如同一首悠揚的旋律，在耳旁回蕩……

　　在這文字的世界裏，我們共同漫步於生命的至微至妙之境，發現那藏匿於字句背後的奇妙景致，並期待著更多的神奇在心靈的轉角相遇。這不僅僅是一本書，更是一場奇妙的靈性之旅。每一篇每一句都是作者靜默的愛心奉獻與智慧之光，讓您在神奇的精神世界中遨遊，感悟著生命的真諦。

　　在這段旅途之中，或許您也有話想要對我們說……而我們也將致力於為您呈現更多的驚喜。因而閱完本書，並不預示著上一段旅途的結束，更是下一旅程的開始。

　　如果說這本書是無聲的語言，讓您意猶未盡，那麼歡迎來到我們的YouTube頻道"治心解憂島"，您將發現作者本人對經典精彩的有聲解讀。那是一場場心靈和智慧的盛宴，那是一次次穿越生命最神秘處的探險。歡迎您訂閱我們的頻道，成為探險家和我們一起尋找更多的心靈寶藏，破除人生的迷茫，顛覆控制我們的宿命，迎接豁然洞開的無上法喜！

"治心解憂島"微信公眾號是我們與您心靈互動的平台。作者的原創靈性詩篇、新書出版信息，以及其他生命智慧美文分享，都將為您打開一扇扇通往心靈未知世界的大門，讓我們共同在這片詩意的港灣中擁抱生命的美好。

在德福出版社的網站（www.defupublishing.com.au），您將發現作者在全球各大平台陸續出版的所有書籍、作者原創的墨寶以及作者珍貴的原聲授課錄音。每一部文字、音像作品也都是提升個人心智與生命能量的絕佳之作，實乃與生命為伴之無價臻品。歡迎您踏入這片生命沃土，與我們一同感悟無上甚深微妙的生命智慧，體驗生命無比美妙的靈性之旅。

生命本就是一場奇遇，誠願在這奇妙的旅程中，我們彼此成為心靈的夥伴，一起感悟來自生命本源慈悲的寄予，一起品嚐生命智慧裏真正實質、究竟、濃縮、透徹的精華！

德福出版社

www.ingramcontent.com/pod-product-compliance
Lightning Source LLC
Chambersburg PA
CBHW041142110526
44590CB00027B/4095